대한민국
승부사들

1판 1쇄 인쇄 2013년 1월 30일

지은이 고진현 김경호 김세훈 성백유 안승호 이동훈 정가연 정현숙
펴낸이 김산환
편집인 조동호
디자인 NAMIJIN DESIGN
펴낸곳 꿈의지도
주소 경기도 파주시 교하읍 문발리 파주출판단지 516-2번지
대표전화 070-7535-9416
팩스 0505-991-9416
북카페 cafe.naver.com/redreammap
출판등록 2009년 10월 12일 제82호

ISBN   978-89-97089-18-5   13300

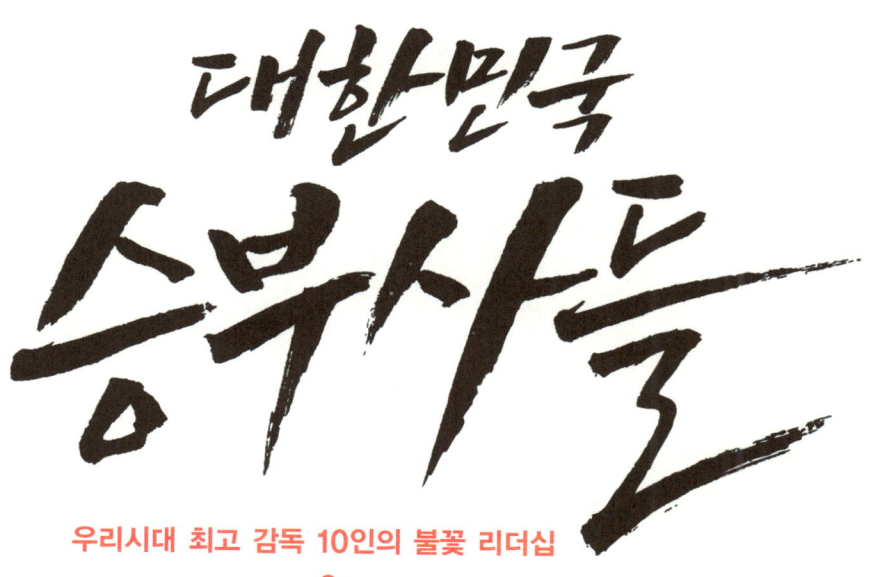

대한민국 승부사들

우리시대 최고 감독 10인의 불꽃 리더십

고진현 김경호 김세훈 성백유 안승호 이동훈 정가연 정현숙 | 지음

꿈의지도

땀과 눈물, 그리고 희망이 잉태한 기적은 우연이 아니라 필연이다. 스포츠 기자로서 취재 현장을 발로 뛰면서 내린 결론이다. 선수나 지도자들이 흘린 땀에서 한계를 뛰어넘는 인간의 무한한 잠재력을 읽어낼 수 있었고, 그들이 쏟아낸 눈물을 통해 좌절 속에 핀 꽃이 얼마나 아름다운지를 느낄 수 있었다. 희망은 또 어떤가. 함께 두 손 모으고 간절히 바라면 도무지 이뤄질 것 같지 않던 일도 거짓말처럼 눈앞에 펼쳐질 수 있다는 사실도 알게 됐다. 한 말의 땀과 두 말의 눈물, 그리고 세 말의 희망이 더해지면 기적은 반드시 이뤄졌다.

세상을 보는 눈은 다양하다. 아니 다양해야 한다. 사람들은 서구의 편향된 지적 풍토 탓인지 거대담론으로 세상을 해석하는 방식에 익숙해져 있다. 조화 속에서 다양성을 추구하는 화이부동和而不同의 철학이 절실한 마당에 스포츠 기자로서 꼬투리를 하나 잡았다. 왜 사람들은 자꾸 큰 창문을 통해서만 세상을 바라보려고 할까. 어릴 때 다락방에 올라가 작은 창문을 통해 바깥세상을 바라본 경험이 불현듯 떠오를 것이다. 큰 창문을 통해 세상을 바라보았던 익숙한 습관에서 벗어난 신선함 때문인지 그 동안 넘겨버렸던 새 세상이 눈에 확 들어왔던 기억이 다시 한 번 새록새록 되살아난다. 딱딱하고 판에 박힌 관점과 세계관에서 조금 벗어나 작은 창문을 통해 세상을 한 번 음미하듯 바라보는 것도 큰 도움이 될 수 있다는 생각이 퍼뜩 들었다.

스포츠 기자가 제안할 수 있는 '색다른 세상읽기'에서 세상을 향해 난 작은 창문은 당연히 스포츠다. 스포츠라는 작은 창문을 통해 세상을 얘기하기 위해 스포츠 기자들이 머리를 맞댔다. 우리는 스포츠라는 재미있는 세계에 독자 여러분의 손을 잡고 안내해주는 가이드의 역할이면 족하다. 거대담론에서 벗어나 세상을 해석하는 다양한 시각에 공감하는 것은 독자들의 몫이다.

멍석은 도서출판 꿈의지도가 깔았다. 각자의 경험과 취향이 달랐지만 스포츠와 세상이라는 두 영역을 이어주는 접점은 한국 스포츠를 대표하는 지도자의 리더십이라는 데 의견이 모아졌다. 스포츠 리더십은 현대 사회에 유용한 지표를 제시할 수 있다. 스포츠 세계는 결과가 금세 나타나기에 적자생존의 냉정한 정글법칙이 지배하고 전쟁같이 치열한 경쟁이 판치는 현대사회와 일맥상통하는 면이 많기 때문이다. 특히 한국 사회는 자원이 부족한데다 갈등구조가 복잡해 리더십의 중요성은 아무리 강조해도 지나치지 않다.

필자들은 머리를 맞대고 우리시대 최고의 명감독 10명을 선정했다. 국내 4대 프로스포츠에서 야구 김성근 김인식, 축구 홍명보 히딩크, 배구 신치용, 농구 유재학 등 모두 6명의 지도자가 뽑혔고, 아마추어 종목에선 체조 조성동, 핸드볼 정형균, 양궁 서오석, 쇼트트랙 전명규 등 4명이 불꽃 리더십을 발휘한 승부사의 반열에 이름을 올렸다.

멍석이 깔리자 필자들은 신바람을 내며 자판을 두들겼다. 마치 기다렸다는 듯이 깨알 같은 메모가 휘갈겨진 예전의 취재수첩을 뒤적이며 이 시대 승부사들을 통해 세상에 던지고 싶은 이야기들을 봇물처럼 쏟아냈다. 이 책은 국민들의 가슴속에 들어가 감동을 안긴 명장들에게 바치는 헌사이자 희망의 메시지다.

많은 사람들이 힘을 모아 한 권의 책을 세상에 내게 됐다. 눈 코 뜰 새 없이 바쁜 스포츠 기자 생활 틈틈이 원고를 마감하기란 쉽지 않은 일이었지만 모두가 한마음으로 데드라인을 지켜냈다. 데드라인을 생명선으로 여기는 기자의 습성이 그대로 발휘된 탓이리라. 현란한 문재文才보다는 현장을 발로 뛴 기자들의 땀 냄새가 가득한 그런 책을 쓰고 싶었다. 그래야 사람의 향기가 짙게 스민 책이 될 수 있다.

이 책이 세상에 나오기까지 많은 사람들의 노고가 함께 했다. 특히 혼이 깃든 사진을 아낌없이 협조해준 프로배구 삼성화재, 프로야구 한화 이글스, 한국농구연맹KBL과 점프볼, 대한핸드볼협회와 핸드볼코리아, 서오석 감독 사진을 제공한 스포츠경향 이석우 기자, 히딩크와 홍명보 감독 편에 도움을 준 이용수 세종대 교수, 대한축구협회 전한진 부장 조준헌 차장 차영일 과장 등 구단 및 연맹, 스포츠계 관계자들에게 이 자리를 빌어 다시 한 번 감사의 마음을 전한다.

유럽발 재정위기로 세계경제가 휘청거리고 있다. 난세가 따로 없다. 난세는 영웅을 간절히 원한다고 했다. 도처에 깔린 장애물을 돌파할 수 있는 힘은 역시 다양한 구성원들의 흩어진 마음을 한데 모을 수 있는 리더의 능력이다. 지혜를 모아야 할 때, 스포츠 명장들의 불꽃 리더십을 타산지석으로 삼아보면 어떨까.

2013년 1월
고진현 김경호 김세훈 성백유 안승호 이동훈 정가연 정현숙

나는 너희를 위해 죽겠다
너희는 팀을 위해 죽어라

런던올림픽 축구 동메달 신화를 만든 준비된 감독, 홍명보

승부처

2012년 8월 9일. 런던올림픽 3·4위를 결정하는 일본전을 앞둔 홍명보 감독은 장고에 빠졌다. **'어떻게 해야 일본을 이길 수 있을까.'** 일본전은 절대 질 수 없고, 져서도 안 되는 한판 승부다. 이기면 올림픽 첫 메달, 그러나 만일 패한다면? 그것도 올림픽 메달매치라는 큰 경기에서, 숙명의 라이벌 일본에게? 그렇게 되면 올림픽 최초 4강이라는 성과도, 3년 반 동안 쏟아온 노력도 모두 물거품이 된다. 홍 감독은 두 가지 승부수를 꺼내들었다. 하나는 한국 축구가 가진 최대 무기인 정신력이었다. 홍 감독은 단호하고 간단하게 말했다. "내가 말 안 해도 어떻게 싸워야하는지 다들 알고 있지?"

홍 감독은 긴 말을 하지 않았다. 길게 말할 필요가 없었다. 선수들도 올림픽 4위는 아무 의미가 없다는 걸 잘 알고 있었다. 거기에 홍 감독은 과거의 치욕으로 기름을 부었다. 딱 1년 전인 2011년 8월 10일. 한국은 일본에게 0-3으로 참패했다. 이른바 '삿포로 참사'다. 올림픽 주축멤버 박주영 구자철 기성용 김보경 김영권 정성룡은 당시 굴욕을 경험했다. **다시 일본에 지는 건 죽음과 같았다.** 선수들의 심장은 뜨거워졌다. 이제 남은 것은 작전뿐. 그건 오롯이 대장 홍 감독의 몫이다. 홍 감독은 싸움의 가장 기본적인 불문율을 상기했다.

'상대가 원하는 식으로 싸워서는 절대 안 된다.'

일본의 무기는 콤팩트한 공간에서 주고받는 세밀한 쇼트패스. 그걸 깨려면 '롱 볼'(롱킥 위주 플레이)이 필요했다. 말이 좋아 롱 볼이지 좀 더 신랄하게 말하면, '계획되고 의도된 뻥 축구' 다. 거기에 쉬지 않고 달려들어 일본이 기술을 뽐내기도 전에 원천봉쇄하는 전진압박까지 더 한다면 충분히 승산이 있다고 판단했다. 홍 감독은 경기에 앞서 "10명이 10장 경고를 받아도 좋으니 강하게 싸워라"고 말했다. 그리고 경기 도중 홍 감독은 계속 같은 말을 외쳤다. "부셔 버려!" "갖다 박아!" 태극전사들은 승리에 굶주린, 복수욕에 불타는 맹수가 됐다. 그러면서도 홍 감독에 의해 철저하게 조련된 섬멸작전을 무자비하게 수행했다. 전반 37분 수비수 4명을 뚫고 터뜨린 박주영의 선취골, 그리고 후반 11분 구자철의 추가골. 그렇게 한국은 일본을 물리 치며 올림픽 사상 첫 메달을 따냈다. 재미없고 거친, 어떻게 보면 원시적인 승부수가 기막히게 적중하는 순간. 그 결과로 얻은 동메달은 홍 감독이 2009년 2월 19세 이하 청소년대표팀 감독 으로부터 시작해 3년 반 동안 한 길만 보고 모든 걸 쏟아낸 각고의 노력이 빚어낸 아름다운 열 매였다.

홍명보 감독 약력

- 생년월일 : 1969년 2월 12일

- 출생지 : 서울

- 신장 : 182cm

- 체중 : 74kg

- 출신교 : 동북고−고려대

- 1990년 2월 4일 A매치 데뷔, 노르웨이와의 평가전

- 1990년 이탈리아월드컵 참가

- 1992년~1997년, 2002년 프로축구 포항 스틸러스 선수(K리그 통산 156경기 14골)

- 1992년 프로축구 우승 · K리그 MVP

- 1994년 미국월드컵 참가

- 1994년~1995년 세계올스타전 출전

- 1997년~1998년 일본프로축구 벨마레 히라쓰카 선수

- 1997년~1999년 세계올스타전 출전

- 1998년 프랑스월드컵 참가

- 1999년~2002년 일본프로축구 가시와 레이솔 선수

- 2002년 한일월드컵 참가 · 브론즈볼 수상

- 2002년 FIFA 선정 월드컵 올스타

- 2002년 11월 20일 브라질전 마지막 A매치(A매치 통산 136경기 10골)

- 2002년~ 홍명보 장학재단 설립

- 2002년 체육훈장 맹호장

- 2003년~2004년 미국프로축구 LA 갤럭시 선수

- 2003년 미국프로축구 올스타

- 2003년 한국축구 선수 최초 자선경기 개최

- 2004년 국제축구연맹 100주년 기념 세계 올스타

- 2005년~2006년 독일월드컵 국가대표팀 코치

- 2006년~2007년 한국 국가대표팀 코치

- 2007년~2008년 베이징올림픽 축구 국가대표팀 코치

- 2009년 2월 19세 이하 축구대표팀 감독 선임

- 2009년 20세 이하 월드컵 8강

- 2010년 광저우아시안게임 남자축구 국가대표팀 감독(동메달)

- 2012년 런던올림픽 남자축구 국가대표팀 감독(동메달)

●축구 감독이 갖춰야할 조건은 대략 다음과 같다. 전술전략의 해박함, 치밀한 사전 준비, 승부사적 기질, 좋은 선수를 뽑는 혜안, 비전 제시와 동기 부여, 선수단 인화력, 대외적인 친화력 등 7가지다. 그 중 홍명보 감독이 가장 중요하다고 꼽는 게 무엇일까. 그것은 '비전 제시와 동기 부여' 그리고 '치밀한 준비'였다. 그게 홍명보 리더십의 요체다.

2009년 2월 19일. 당시 홍명보 코치는 19세 이하 청소년 국가대표 감독이 됐다. 그때부터 홍 감독이 세운 목표는 2012년 런던올림픽 한국 최초 메달 획득이었다.

"올림픽을 목표로 장기간 체계적으로 준비할 수 있겠다고 판단했기 때문에 청소년대표팀 감독직을 수락했다. 그렇지 않았다면 감독을 맡지 않았을 것이다."

사상 첫 올림픽 메달 획득을 향한 홍명보 프로젝트는 그렇게 일찍 시작됐다.

올림픽까지 홍 감독은 3개의 변수를 극복해야 했다. 감독도 선수를, 선수도 감독을 모르고 있다는 조직원 변수, 23세 이하 선수로 한정된 인력풀과 소집 훈련, 평가전이 극도로 제한된 환경 변수, 그리고 오랜 한두식 위계질서 속에 선수들을 위축시키고 의존적으로 만들어버린 문화적 변수였다. 그걸 극복하지 못하면 올림픽 메달은 기대하기 힘들었다.

"나도 감독이 된 게 처음이었고 선수들도 십대 후반으로 어렸다 나도 선수들을 잘 몰랐고 선수들도 내가 어떤 축구를 원하고 어떤 가치관을 추구하는지 알 리 없었다."

서로 백지상태였다. 그래서 홍 감독은 일단 모든 걸 컨트롤 했다 하나부터 열까지 가르쳤고 A부터 Z까지 지도했다. 홍 감독이 가장 강조하는 건 기본기와 인성. 기본기 없는 축구는 모래성이고, 인성이 갖춰지지 않은 선수의 집합소는 오합지졸이라는 게 지론이었다. 그래서 홍 감독은 때로는 감독으로, 때로는 형님으로, 때로는 심리학자로, 때로는 선배로 어린 선수들을 대했다. 그렇게 선수들은 홍 감독을 알아갔고, 초보감독 홍명보도 선수들을 알아갔다.

목표를 향해 철저하게 준비하고 치밀하게 수행하라

홍 감독은 '선수 홍명보'의 위엄과 무게감을 버리는 데 가속도를 붙였다. 선수 홍명보는 특히 어린 선수들에게는 감히 접근할 수 없는 강한 카리스마를 지닌 존재. 그게 선수시절에는 트레이드마크였지만 감독이 된 뒤에는 선수와 감독 사이를 가로막는 두꺼운 벽이 됐다. 홍 감독은 뒷짐을 진 채 무게를 잡지 않았다. 마음을 열고 선수들에게 먼저 다가섰고 잔뜩 긴장된 선수들의 마음을 풀어줬다. 그랬더니 선수들은 조금씩 자유로워지기 시작했다.

2009년 9월 이집트에서 열린 20세 이하 월드컵 때 일이다. 8강전에서

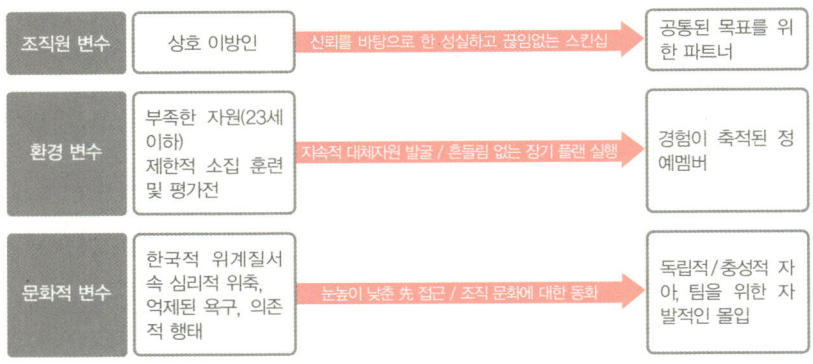

| 홍명보 감독이 3대 변수를 극복한 방법 |

조직원 변수	상호 이방인	신뢰를 바탕으로 한 성실하고 끊임없는 스킨십	공통된 목표를 위한 파트너
환경 변수	부족한 자원(23세 이하) 제한적 소집 훈련 및 평가전	지속적 대체자원 발굴 / 흔들림 없는 장기 플랜 실행	경험이 축적된 정예멤버
문화적 변수	한국적 위계질서 속 심리적 위축, 억제된 욕구, 의존적 행태	눈높이 낮춘 先 접근 / 조직 문화에 대한 동화	독립적/충성적 자아, 팀을 위한 자발적인 몰입

가나에게 2-3으로 패해 4강 진출이 무산된 바로 다음날. 수영장 옆으로 걸어가던 홍 감독을 선수들이 번쩍 들어 풀장으로 내동댕이쳤다. 8강전에 패한 뒤 가진 물놀이 휴식도 파격적인데, 거기에 8강에 머문 걸 아쉬워하는 홍 감독을 물에 빠뜨린 어린 선수들의 배짱은 이전 같으면 있을 수 없는 일이었다. 다른 감독 아래에서는 상상도 못할 장면. 그래도 물에 흠뻑 젖은 트레이닝복 차림으로 풀장에서 빠져나온 홍 감독은 허허 웃기만 했다.

"내가 원하는 분위기가 바로 이런 것이다."

선수들과 가까워지려는 홍 감독의 노력이 성공할 조짐을 보인 순간이었다.

선수들을 파악하는 것. 그건 감독으로서 충분히 컨트롤할 수 있고 시간이 지나면 자연스럽게 해결되는 영역이다. 그러나 환경은 감독의 권한 밖이다. 올림픽은 23세 이하 선수들이 주축을 이룬다. 태생적으로 인력풀이 좁다. 국가대표팀보다 소집 훈련할 시간이 더욱 한정됐다. 게다가 국가대표팀 소집과 기간이 비슷한 탓에 국가대표팀에 주축선수를 내줘야할 때도 많았다. 그렇다고 리더가 손을 놓을 수는 없는 노릇이다. 홍 감독은 환경 속에 숨지도 않았고 환경과 싸우지도 않았다. 대신 주어진 환경과 조건 속에서 성실한 자세와 치밀한 준비로 돌파구를 찾았다.

홍 감독은 흙속에 숨은 진주를 찾기 위해 대학축구가 열리는 경기장을 누볐다. 급하게 대체요원이 필요할 때에 대비한 사전 조치였다. 그렇게 눈에 든 선수들을 미리 불러 훈련도 시켰다. 선수들의 원활한 소집을 위해 프로구단과 감독에 진심으로 협조를 구했다. 요식행위로 구단을 방문하고 그걸 언론에 노출시키는 꼼수는 쓰지 않았다. 그렇게 주축 선수가 없는 상황에 대비했고 훈련일수를 늘렸으며 경기 상황에 따라 다양한 전략들도 마련했다. 덕분에 홍 감독은 올림픽 예선에서 큰 고비를 수차례 넘겼고 장현수 이정수 홍정호 등 주축들이 부상 등으로 갑자기 전력에서 빠진 와중에도 큰 혼란 없이 최선의 런던올림픽 최종명단을 구성했다.

치밀한 준비와 체계적인 수행, 2010년 광저우아시안게임이 그랬다. 아시안게임 축구대표팀은 23세 이하로 꾸릴 수 있게 규정됐다. 그런데 홍 감독은 그보다 두 살 어린 21세 선수들로 대표팀을 꾸렸다. 두 살이 주는 경험과 기량을 홍 감독은 주저 없이 포기했다. 그건 2년 뒤 이어질 런던올림픽을 위해서였다. 올림픽대표팀도 23세 이하 선수를 주축으로 꾸려야 한다. 큰 무대에서 좋은 성적을 내려면 그 때 주전이 될 선수들에게 큰 대회를 미리 경험하게 하는 게 필요했다. 먼 미래와 큰 목표를 바라보그 눈앞의 욕심을 버린 지혜로운 결정이었다.

광저우아시안게임에서 한국은 3위에 머물렀다. 선수들이 당시에 겪은 우여곡절도 이루 말할 수 없이 엄청났다. 그런데 그게 2년 후 올림픽에서 동메달을 따는 데 자양분이 됐다. 홍 감독이 만일 23세 이하 선수들로 아

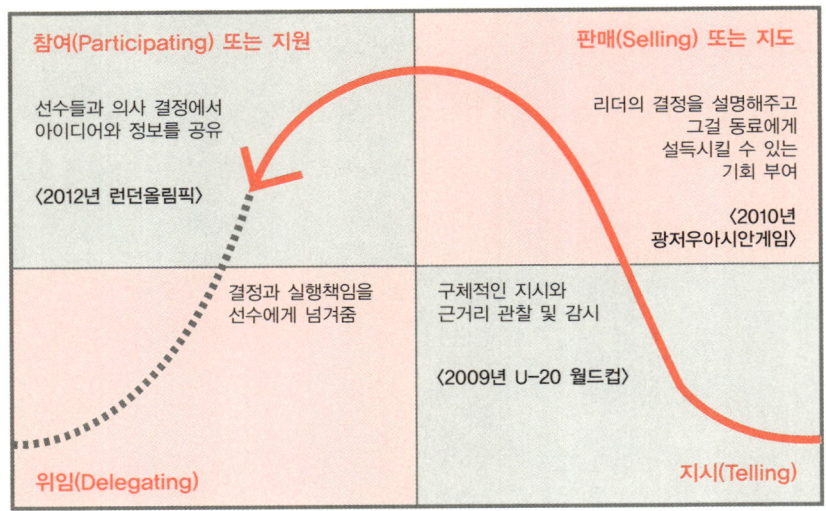

| 허시 & 블랜차드의 성숙도 이론으로 본 홍명보 지도방식 변화 추이 |

참여(Participating) 또는 지원
선수들과 의사 결정에서
아이디어와 정보를 공유

〈2012년 런던올림픽〉

판매(Selling) 또는 지도
리더의 결정을 설명해주고
그걸 동료에게
설득시킬 수 있는
기회 부여

〈2010년
광저우아시안게임〉

결정과 실행책임을
선수에게 넘겨줌

구체적인 지시와
근거리 관찰 및 감시

〈2009년 U-20 월드컵〉

위임(Delegating)

지시(Telling)

시안게임 축구대표팀을 구성했다면 과연 올림픽에서 동메달을 딸 수 있었을까. 결과는 아무도 모른다. 다만 광저우아시안게임을 경험한 선수들이 런던올림픽을 뛰는 게 그렇지 않은 경우보다 메달을 딸 가능성이 높다는 점은 부인할 수 없다.

'휴머니즘'과 '정(情)'으로 구성원을 도취시켜라

런던올림픽 최종명단 발표를 앞둔 시점. 당시 박주영은 모나코로부터 10년 장기체류허가를 받아 병역기피 의혹에 휩싸였다. 박주영은 대중 앞에 나서기를 거부했다. 해명 기자회견을 하라는 대한축구협회 요청에도 묵묵부답이었다. 선수생활 최대 위기였다. 당시 홍 감독은 런던올림픽에 데려갈 공격수가 없어 고민했다. 김동섭 김현성 등 23세 이하 공격수들이 프로에서 벤치멤버로 전락했기 때문이다. 장고 끝에 홍 감독이 내린 결론은 박주영이었다. 수소문 끝에 박주영을 만난 홍 감독은 이렇게 말했다.

"올림픽대표팀은 너를 원한다. 그러나 널 택하기에는 곤란한 점이 많다. 그러나 선수들도, 나도 너를 데리고 가고 싶다. 그런데 앞서 네가 해야 할 일이 있다. 축구협회와 국가대표팀이 요구하고 있는 기자회견을 먼저 해라. 네가 기자회견을 하겠다고 하면 내가 함께 가겠다."

며칠 후 박주영은 기자회견을 했다. 바로 옆 자리에는 홍 감독이 있었다. 기자회견에 앞서 홍 감독은 취재진을 향해 "10년 후 박주영이 군대에 가지 않으면 내가 대신 가겠다"고 말했다. 실제로 이뤄질 수 없는 말. 그러나 홍 감독의 진심은 충분히 느껴졌다. 기자회견을 마친 뒤 박주영은 여론의 부담감 속에서 많이 자유로워졌다. 그렇게 박주영이 내려놓은 부담감은 고스란히 홍 감독에게 옮아갔다. 훈련 부족으로 컨디션이 떨어진 박주영. 병역기피 의혹 속에 태극마크를 단 박주영. 그가 만일 올림픽에서 부진하면 그 책임은 홍 감독의 몫이 될 판이었다. 그러나 홍 감독은 주저하지 않았다.

"여론의 부담 때문에 후회할 짓, 0.1%도 하고 싶지 않았다. 박주영을 뽑은 것은 올림픽대표팀 감독으로 해야 할 일을 했을 뿐이다."

박주영은 올림픽 조별리그 2차전 스위스전에서 선취골을 넣었다, 일본과의 3·4위전에서는 선취 결승골을 넣었다. 그렇게 박주영은 팬들 앞에 다시 섰고 국가대표에 다시 발탁될 기반도 마련했다. 박주영을 어둠 속에서 건져낸 뒤 생기와 활력, 동기를 불어넣으면서 다시 살려낸 게 홍 감독이었다. '병역혜택을 받지 못하면 어쩌나' 라며 올림픽 내내 고민한 수비수 김기희에게 일본전 막판 4분을 배려한 것도, 일본전 독도 세리머니로 동메달 시상식에 나오지 못한 박종우를 귀국 환영만찬에 친히 불러낸 것도, 선덜랜드에서 영국 선수들의 텃새 속에 가슴앓이 해온 지동원에게 영국과 8강전 선발 출전을 준비하라고 전날 미리 귀띔해 준 것도, 올림픽에서 다친 뒤 예비멤버와 교체되지 않을까 전전긍긍하는 김창수를 끝까지 안고 간 것도 홍 감독이었다.

냉정과 온정. 홍 감독에게는 다른 게 아니었다. 그건 겉만 다를 뿐 속은 같았다. 2011년 6월 올림픽 아시아 2차 예선 요르단전 때 일이다. 당시 올림픽대표팀 주전들은 국가대표팀에 대거 차출됐다. 요르단과 홈앤드어웨이로 두 경기를 치러 이겨야만 최종예선에 나갈 수 있는 절박한 상황. 그런데 주전 절반 이상이 바뀐 가운데 치러야 하는 큰 위기였다. 한국은 홈에서 3-1로 이겼고 원정에서 힘겹게 1-1로 비겨 최종예선 진출권을 아슬아슬하게 따냈다. 홍 감독은 2차례 조마조마한 요르단전을 끝낸 뒤 홍정호와 김영권을 조용히 불렀다.

"너희 둘, 어린 나이에 국가대표팀까지 들락거리다보니 초심을 잃은 것 같다. 기존 주전들이 절반 이상 빠졌으면 너희가 모범을 보이고 팀의 중심을 잡아줘야 하는 거 아냐? 그런데 왜 바람이 들어간 것처럼 무게를 잡고 거들먹거리냐? 지금 너희 주변에는 칭찬이 너무 많다. 이런 모습을 계속 보인다면 나는 더 이상 너희를 뽑지 않을 거다. 너희 같은 선수, 두세 달이면 키워낼 수 있다. 사람들은 자기 과거를 아는 사람을 무서워하는 법이다. 너희 무명 시절 모습, 그건 내가 다 알고 있다. 앞으로 제대로 하지 않으면 우리 인연, 이걸로 끝인 줄 알아라."

홍정호와 김영권은 정신이 퍼뜩 들었다. 그 때부터 김영권은 초심을 회복해 런던올림픽에서 좋은 활약을 보였다. 홍정호는 부상으로 올림픽 멤버에 포함되지 못했다. 그러나 홍 감독이 올림픽에 데려가지 못한 선수 중 가장 아쉬워한 게 홍정호다. 그리고 이들은 앞으로 홍 감독이 다시 국가대표팀 지휘봉을 잡는다면 1순위로 소집될 주축들이다. 올림픽 예선 요르단 전에서 대충 넘어갔다면 지금 김영권, 지금 홍정호는 없었을 것이다.

선수들을 위한 홍 감독의 냉정은 때로는 무척 위협적이기까지 했다. 올림픽을 앞두고 '공격의 핵' 김보경을 세레소 오사카로부터 조기 차출하려고 할 때였다. 차출에 앞서 홍 감독은 일찌감치 일본 구단을 직접 방문해 조기 차출을 부탁했다. 구단도 7월 2일 조기 차출을 약속했다. 그러나 그게 6월 말 갑자기 틀어질 조짐이 보였다.

당시 세레소 오사카에는 일본올림픽 대표 3명, 그리고 김보경이 있었다. 그런데 공교롭게도 프로구단이 일본올림픽 대표 선수들을 풀어주기로 일본축구협회와 합의한 날짜가 7월 14일이었다. 김보경을 풀어주기로 한 날짜보다 무려 12일이나 늦다. 세레소 오사카는 딜레마에 빠졌다. 외국 선수인 김보경을 먼저 내주면서 자국 대표 선수들을 계속 팀에 붙잡고 있을 수는 없었다. 그렇다고 김보경을 일본 선수들을 내주기로 한 날짜와 같은 날 보낼 수도 없었다. 눈치만 보는 세레소 오사카. 홍 감독은 최후통첩을 날렸다.

"세레소 오사카가 나와 미리 합의한 7월 2일 김보경을 풀어주지 않으면 나는 김보경을 올림픽대표팀에서 완전히 빼겠다. 약속한 날 김보경이 나타나지 않으면 내가 김보경에게 직접 전화를 걸어 이렇게 말하겠다. 구단이 미리 합의한 조기 차출을 거부해 너를 뽑지 않기로 결정했다고 말이다."

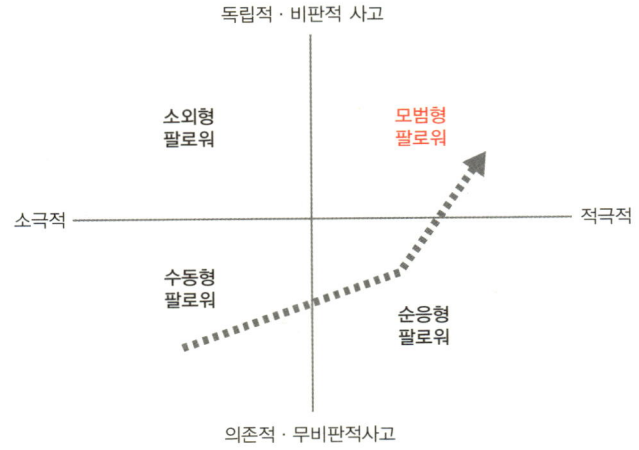

| 홍명보호 선수들의 팔로워십 변화 |

독립적 · 비판적 사고

소외형
팔로워

모범형
팔로워

소극적 ———————————————— 적극적

수동형
팔로워

순응형
팔로워

의존적 · 무비판적사고

　홍 감독 표현대로 '협박'이었다. 그런데 그게 통했다. 세레소 오사카는
7월 2일 김보경을 풀어줬다. 자국 대표 선수보다 외국 대표 선수를 12일
먼저 풀어주는 일. 그건 쉽지 않은 결정이었다. 세레소 오사카가 왜 그랬
을까. 당시 김보경은 올림픽에 뛰고 싶어도 구단에 말하지 못하고 마음만
끙끙 앓았다. 그걸 알고 있는 홍 감독은 김보경 대신 구단과 싸워 원하는
걸 얻어냈다. 그건 감독 자신을 위한 것이기도 했지만 병역혜택과 해외진
출을 갈망하는 김보경을 위한 것이었다.

　홍 감독과 3년 동안 일해 온 일본인 이케다 세이고 트레이너는 "홍 감
독은 애정과 사랑으로 주변 사람들을 한 가지 목표로 끌어들이는 묘한 매
력이 있다"면서 "그가 만일 옛날 일본 전국시대에 태어났다면 인정받는
쇼군將軍이 됐을 것"이라고 말했다. 리더가 먼저 보여주는 뜨거운 정, 그
정에 마음이 열린 조직원들이 보답하는 열렬한 충성심. 그게 자발적인 몰

입과 원활한 소통을 낳았고 그렇게 대장 홍명보와 부하 선수들은 하나가 됐다.

함께 하는 조직문화를 만들면 조직원이 모인다

〈꿈의 구장Field Of Dreams·1989년〉이라는 제목의 미국 영화가 있다. 야구광 아버지를 둔 아들은 시골 옥수수 농사를 짓다가 "If you make it, he will come"이라는 환청을 계속 듣는다. 그리고는 밭을 갈아엎은 뒤 야구장을 만들었고 조명까지 달았다. 황량한 벌판에 세워진 야구장. 야구선수들이 올 리 없었다. 그런데 기적이 일어났다. 한 때 미국 야구를 주름잡다가 죽은 전설적인 영웅들이 살아 돌아와 야구를 즐겼다. 죽은 영웅들을 불러 모은 건 야구에 대한 열정이었고 순수함이었다.

홍명보 감독이 그리는 세상도 비슷하다. 감독부터 큰 꿈에 대한 열정과 순수함이 넘쳤다. 그래서 많은 선수들은 그곳으로 가고 싶었다. 많은 선수들이 들어왔지만 어떤 선수는 끝까지 남았고 어떤 선수는 왔다가 떠났다. 그건 실력 때문만은 아니었다. 그건 가치관과 조직문화의 문제였다. 홍 감독이 원하는 가치관에 몰입된 선수, 홍 감독이 원하는 조직문화에 동화된 선수, 그런 선수만 '홍명보 나라'에서 오래 오래 축구를 즐길 수 있었다. 순수한 마음으로 지어진 야구장에 야구를 사랑하는 영혼들이 모인 것처럼 말이다.

기성용은 올림픽 최종명단에 포함됐다. 그러나 기성용은 올림픽 예선을 거의 뛰지 않았다. 홍명보 감독이 원하는 조직문화를 잘 몰랐다. 그런 기성용에게 구자철은 "우리 팀이 다른 팀과 다르다는 걸 알게 될 것"이라고 말했다. 기성용은 더욱 궁금해졌다. 도대체 홍명보호만의 독특한 조직문화라는 건 무엇일까. 그건 선수 전원이 공통된 목표를 향해 하나처럼 생각하고 하나처럼 움직이면서 모든 걸 함께 나누고 짊어져야 한다는 공동체 의식이었다.

홍 감독은 선수들이 처음과 끝을 항상 함께 하기를 원했다. 한 명도 열외 없이 선수 전원이 숙소 입구에 모여 운동장으로 함께 이동해야만 훈련이 시작됐다. 훈련할 때나, 경기할 때 유니폼 상의는 무조건 하의 속으로 집어넣어야 했다. 훈련 도중 물을 마실 때는 걸어가도 됐지만 물을 마신 뒤에는 무조건 뛰어 들어와야 했다. 얼핏 보면 자질구레해 보이는 사소한 규칙들. 그런데 그게 오랜 시간을 걸쳐 선수들의 뇌리에 뿌리박히면서 의식이 됐고 문화가 됐다.

선수들이 하나로 뭉쳐야 잘 할 수 있는 것은 모든 단체종목의 공통된 특성이다. 그게 가장 적나라하게 드러나는 게 축구다. 축구는 선수들이 아무리 뛰어나도 기본적으로 뛰지 않으면 이길 수 없다. 야구처럼 교대로 쉴 수도 없고 농구나 배구처럼 교체 아웃됐다가 다시 투입될 수도 없다. 몇몇 선수들이 게으름을 피우거나 늑장을 부리면 위기가 계속 닥친다. 그런 안일함이 결정적인 순간에 나오면 곧 실점의 빌미가 된다. 야구 농구 배구 등 다른 구기종목은 잠시 집중력을 잃고 부진해도 만회할 기회가 많다. 그러나 축구는 실수로 내준 한 골로, 설마 하는 사이에 내준 한 골로 승부가 갈린다. 축구에서 한 차례 실수, 한 차례 방심은 곧 패배다. 그래서 축구에서 모든 선수들은 살아있는 커다란 유기체처럼 같은 목표를 향해 같이 생각하고 같이 행동해야 한다. 그래서 동일한 가치관의 공유가 필요하다.

"팀 위에도, 팀 아래에도 아무도 없다. 누구든 오직 팀을 위해 존재할 뿐이다."

홍 감독이 이끄는 세상은 홍 감독을 중심으로 뭉쳐진 행성계와 비슷하다. 홍 감독은 구심점이다. 선수들은 일정한 거리를 유지하고 자기 업무를 수행하면서 홍 감독 주위를 돈다. 그런 홍명보 세상은 엄청나게 큰 태양을 중심으로 크기가 제각각인 위성들이 서로 다른 거리에서 엇갈려 도는 태양계와는 완전히 다르다. 홍명보 세상에서는 태양과 위성이 크기가 같다. 그리고 태양까지 거리도 모두 똑같다. 위성들은 한 줄로 동그랗게 모여 어깨동무를 한다. 그리고는 위성들 사이에는 이물질 하나도 끼지 않도록 간격을 줄이면서 똑같은 속도로 태양을 돈다.

이 때 위성이 반드시 지켜야 할 룰은 두 가지다. 위성이라면 모두 똑같이 중요하다는 걸 인정하고 하나처럼 행동하는 게 첫 번째다. 두 번째는 각자 처한 상황에 따라 요구되는 역할을 완벽하게 수행해야 한다는 것이다. 전자는 스타와 무명, 해외파와 국내파, 감독과 선수, 선수단과 지원스태프 등 모든 구성원이 똑같이 존중받아야 하는 다원화된 세상이다. 후자는 모든 구성원들이 시시때때 급변하는 상황과 그 속에서 주어질 역할을 불만 없이 충실하게 수행해야 하는 공동체 의식이다. 홍명보호가 어떤 상황 속에서도 요동치지 않는 건 이 두 가지 룰을 철저히 지키기 때문이다. 홍 감독은 한 때 선수들에게 이런 말을 했다.

"나는 마음속에 칼을 품고 다닌다. 너희를 찌르기 위한 칼이 아니다. 이 칼은 너희를 해치는 자들을 죽이기 위한 칼이며 너희를 위해 나 스스로를 죽일 수 있는 칼이다. 나는 너희를 위해 죽을 준비가 돼 있으니 너희는 팀을 위해 죽어라."

부하를 위해 죽을 준비가 돼 있다는 장수. 어느 부하가 그를 따르지 않겠는가.

실 패 는   성 공 으 로   가 는   통 과 의 례 일   뿐 이 다

홍명보 감독도, 선수들도 실패 없이 성공한 건 절대 아니다. 이들 모두 나란히 성장통을 앓았다. 그게 2010년 광저우아시안게임이었다. 다른 국가에 비해 두 살이 적은 21세 선수들이 주축이 되어 참가한 대회였다. 그러나 내부적으로 세운 목표도, 외부에서 기대하는 목표도 금메달이었다. 게다가 어린 선수들은 병역혜택의 꿈으로 한껏 부풀었다. 그게 동기가 될 수도 있었지만 장애물이 될 수도 있었다. 한국은 4강전에서 아랍에미리트연합에 패했다. 그것도 연장 후반 종료 직전, 허망하게 내준 통한의 결승골로 말이다. 금메달이 아니면 끝인 아시안게임. 남은 3·4위전은 선수들의 머리에도, 마음에도 없었다.

홍 감독의 고민은 깊었다. 이란과 3·4위전을 어떻게 치러야 할까. 선발로 누구를 내보내야 할까. 지친 주전일까, 체력이 남은 후보일까. 병역혜택을 받을 수 있는 금메달 이외에는 의미가 없는 선수들에게 어떻게 동기를 부여할까.

고심 끝에 홍 감독은 지친 주전들을 선발로 내보내기로 했다. 그리고는 경기 전 '투혼'을 화두로 던졌다. 그러나 아무 소용이 없었다. 전반 5분 만에 1실점, 전반 인저리 타임에 추가실점. 그렇게 전반 종료 스코어 0-2.

후반 3분 구자철이 골을 넣어 추격하는가 싶더니 1분 후 다시 골을 내줘 1-3으로 다시 두골 차로 벌어졌다.

"지금 생각해도 도저히 뒤집을 수 없는 경기였다. 그 때 나는 사퇴의 변을 준비하고 있었다."

그런데 그 때. 아무도 예상치 못한, 선수들조차 기대하지 않은 엄청난 기적이 일어났다. 후반 32분 박주영의 추격골이 나와 2-3. 그 골이 의욕을 잃은 선수들을 깨웠다. 그 때부터 선수들은 큰 소리로 서로를 격려했다. 그리고 공을 향해 몸과 마음을 던졌다. 투혼이었다. 후반 43분 지동원의 극적인 동점골이 나왔다. 이어 1분만에 지동원이 거짓말 같은 4-3 역전골을 터뜨렸다. 그리고 이어진 육탄방어, 혈전의 종료를 알리는 휘슬. 아무런 동기 없이 맥없이 시작된 마지막 승부가 홍 감독의 표현처럼 "다시 경험할 수 없는 동화 같은 대역전극"으로 끝났다. 홍 감독도, 선수들도 할 말이 없었다. 그저 서로 부둥켜안고 하염없이 눈물만 흘렸다. 그렇게 아시안게임 기간 동안 겪은 수많은 심적 고통은 씻겨 내려갔다. 그러면서도 마음 속 깊은 곳에 남은 응어리는 잊을 수 없는 교훈으로 자리했다.

그 후 2년. 광저우아시안게임 멤버 중 런던올림픽에 뽑힌 선수는 8명이었다. 2년 전 교훈과 아픔을 어제 일처럼 생생하게 간직한 정예멤버들이었다. 물론 홍 감독도 2년 전과는 완전히 다른, 노련하면서도 여유로운 승부사로 변해 있었다.

"성공할지, 실패할지는 아무도 모른다. 그러나 성공하기 위해서 무엇을 어떻게 해야 하는지는 확실히 알고 있었다."

홍 감독은 빡빡한 일정 속에서 훈련과 휴식을 적절하게 배분해 체력을 유지했다. 큰 경기를 잇달아 치르면서 쌓이는 스트레스는 음식으로, 웃음으로 풀었다. 올림픽 첫 메달 획득을 향한 국민적인 기대감도, 병역혜택에 대한 지나친 욕망도 다스렸다. 경기에서 어떻게 뛰어야 하는지, 경기 후 어떻게 쉬어야 하는지, 무얼 어떻게 먹어야 하는지, 스트레스와 욕심을 어떻게 조절해야 하는지, 어려울 때 동료들과 어떻게 지내야 하는지, 내가 뛰든 못 뛰든 팀에 어떻게 도움이 돼야 하는지. 이 모든 걸 선수들은 너무나도 잘 알고 있었다. 그게 바로 광저우아시안게임 실패를 통해 배운 교훈. 2년 전 예방주사를 제대로 맞은 올림픽대표팀은 같은 실수를 반복하지 않았다.

만일 홍 감독이 광저우아시안게임에서 금메달을 따겠다며 23세 이하 선수들로 대표팀을 꾸렸다면 2년 후 올림픽 동메달의 영광은 없었을 것이다.

타산지석의 힘을 길러라

홍명보 감독은 가장 한국적인 지도자다. 한국 축구가 국제대회에서 좋은 성적을 내온 비결이 기술이 아니라 정신력이라는 걸 몸소 체험했다. 또 한국 선수들이 감독에게 순종하고 팀을 위해 기꺼이 희생한다는 것도 알고 있다. 그리고 그걸 감독이 된 뒤에도 적극적으로 활용했다.

런던올림픽 8강전 영국과의 경기를 앞두고 홍 감독은 선수들에게 "라이언 긱스, 나하고 동갑이잖아. 발라버려!" 라고 말했다. 또 "아는 한국 선수들? 아무도 없다"는 영국 대표팀 감독의 말을 선수들에게 흘려 전투욕을 끌어올렸다. 일본과 동메달 결정전을 앞두고도 "박아버려!", "부셔버려!" 라는 원색적인 말을 거침없이 쏟아냈다. 목표는 단 하나, 선수들의 승부욕을 자극하기 위해서였다. 그래야 선수들이 더 열심히, 더 치열하게, 더 전투적으로 뛸 거라는 걸 홍 감독은 경험을 통해 알고 있었다.

홍 감독은 동메달 결정전 상대가 일본으로 결정되자 웃었다.

"조별리그에서 싸워본 멕시코보다 오히려 일본이 더 좋다. 일본과 동메달을 다툰다는 게 우리 선수들의 정신력을 끌어올릴 것이다."

우리 선수들은 일본을 2-0으로 꺾었다. 홍 감독의 예상처럼 불굴의 투지로, 끈질긴 승부욕으로, 그리고 한국이 오랫동안 해온 '뻥축구'로 말이다. 한국식이었다.

홍 감독은 전형적인 한국식 축구환경 속에서 자라났다. 프로선수가 되기까지 권위적인 지도자들로부터 상처를 적잖게 받았다. 체구가 작은 탓에 체격이 중요한 관행 속에서 후보 설움도 자주 겪었다. 그래서 기술이 중요한 걸 알았고 기술훈련에 많은 시간을 할애했다. 재미는 없어도, 이기기 위해서는 어떻게 해야 하는지를 확실히 배웠다. 포항 스틸러스에서 7시즌 뛴 홍명보는 일본에서 5시즌 동안 활약했다. 특히 일본에서 뛰는 동안 홍 감독은 빈틈없는 조직축구와 그걸 이루기 위한 선진 훈련법을 체득했다. 지금 홍 감독이 어린 선수들을 가르치고 훈련시키는 방식이 일본식 교육방식을 많이 닮은 이유다. 은퇴를 앞둔 막판에는 미국에서 2년 동안 뛰었다. 그곳에서 자유가 주는 기쁨과 해방감을 맛봤다.

홍 감독은 능력 있는 지도자들로부터도 소중한 걸 많이 배웠다. 히딩크 감독 아래 선수로 뛰면서는 선수들을 심리적으로 다루는 법을 익혔다. 그런데 방법론에서는 독재 스타일인 히딩크 감독과는 달리 소통과 배려로 선수들을 어루만졌다. 2006년 독일월드컵에서 코치 자격으로 딕 아드보카트 감독을 보좌하면서 전문화되고 분업화된 코칭스태프 운영법을 공부했다. 독일월드컵 이후 한국대표팀을 지휘한 핌 베어벡 감독으로부터는 마스터플랜을 짜고 단계별 목표 달성을 위해 철두철미하게 준비하는 걸 봤다.

지금 홍명보 감독은 과거 자신이 겪은 다양한 경험을 조화롭게 혼합했다. 취할 건 취했고 버릴 건 버렸다. 배울 건 그대로 배웠고 배우지 말아야 할 건 타산지석으로 삼았다. 그런 다양한 경험과 학습, 오랜 노하우와 교훈은 홍 감독을 정상급 리더로 성장시켰다. 홍 감독은 권위 의식을 버리고 모든 스태프가 갖고 있는 전문성과 독립성을 인정한다. 그러면서도 스태프에 자율과 권한을 동시에 부여한다. 감독인 자신부터 팀에 관한 것이라면 아무리 사소한 것도 완벽하게 파악하려고 부단히 노력한다. 리더가 그렇게 하면 스태프들은 더 잘하기 위해서 연구를 거듭하기 마련이다. 그리고 일단 무엇이든 감독에게 보고되면 최종 책임은 감독에게 넘어간다. 홍 감독에게는 책임전가란 없고 스태프에게는 눈치보기란 없다. 홍 감독과 함께 일하는 스태프가 손과 발, 그리고 머리를 쉼 없이 쓰면서도 항상 미소와 희망을 잃지 않는 이유다.

따뜻한 피가
흐르는 지도자

어린 시절, 명보형이 중거리 슛을 쏘는 모습을 보고 반했다. 나 역시 30년 넘게 축구를 직접 하고 있는 마니아다. 내가 가장 좋아하는 플레이가 바로 명보형이 하는 시원한 패스와 슈팅이다.

명보형을 직접 본 것은 2003년이었다. 내가 군대를 제대하고 처음으로 TV 프로그램을 진행했는데, 그 때 여건이 좋지 않은 어린 선수 두 명을 데리고 당시 LA 갤럭시에서 뛰고 있는 홍명보를 찾아가 6박7일 동안 축구를 배우는 내용이었다. 직접 만나기 전에는 카리스마가 너무 강해 딱딱할 것 같다는 선입견이 있었는데, 막상 실제로 보니 너무 인간적이었고 심지어 푼수기까지 있어 더욱 푹 빠지게 됐다. 특히 유명인으로 큰일을 많이 하면서도 가족을 너무 중시하는 데서 큰 감동을 받았다. 이후 나는 명보형 닉네임을 따서 'FC리베로'라는 연예인 축구팀을 만들었다. 한 번은 명보형이 직접 우리 팀에 와서 축구를 가르쳐 주기도 했다. 그게 인연이 돼, 나는 홍명보 자선축구대회 전야제 사회를 4년 연속 진행했고 선수로도 두 번 출전했다.

명보형은 의미 있는 일을 많이 하고 있다. 유명인들이 사회적으로 해야 할 일과 나아갈 방향을 보여주는 귀감이다. 그렇게 큰일을 많이 하면서도 편안한 자리에서는 가끔씩 가벼운 욕도 하고 수다도 떨면서 어린아이처럼 웃는, 인간적인 면도 풍부하다. 런던올림픽 한 달 전, 명보형을 따르는 사람들의 모임인 'MB패밀리'와 우리 연예인팀이 친선축구를 했다. 내가 너무 고마워서 순대국으로 식사대접을 했는데, 그날 밤 명보형이 나에게 문자를 보내왔다. "네가 사준 순대국 덕분에 올림픽에서 좋은 결과가 있을 것 같다"는 내용이었다. 어떻게 보면 별 거 아니었는데, 그 때는 너무 고맙고 감동적이었다.

나는 명보형이 따뜻한 피가
흐르는, 흔들리지 않는 지
도자라고 생각한다. 이미
지도자로서 크게 인정받았
고 앞으로도 더 좋은 지도
자가 되리라는 데는 추호의 의심도 없다. 과거부터 좋은 일, 의미 있는
일을 많이 해온 만큼 지금부터 본인 몸 관리를 철저히 하라고 말하고
싶다. 그렇게 몸 관리를 잘해 70세, 80세가 돼서도 나와 같이 공을 차
는 날이 왔으면 좋겠다.

나는 지금 당장 명보형이 원하는 일이라면 모든 걸 제쳐두고 달려갈
수 있다. 그러나 반대로 내가 원하는 게 있어도 먼저 부탁하기는 어렵
다. 워낙 큰일을 하는 사람이라서 사소한 일을 부탁하지 말아야 한다
는 게 내 스스로 명보형에 대해 세우고 지키는 룰이다.

– **서경석**(개그맨)

무한 신뢰를 보내라
그래야 목숨을 걸고 싸운다

믿음의 야구를 꽃피운 가슴 따뜻한 명장, 김인식

승부처

팔을 들지도 못했다. 대꼬챙이로 찌르는 듯한 극심한 통증이 몰려왔다. 아니, 통증보다 꿈과 희망이 모질게 잘려나가는 게 더 아팠는지도 모른다. 김인식은 배문고를 졸업하고 1965년 실업 최강 크라운맥주(후에 한일은행)에 입단해 데뷔 첫 해 9승 2패를 기록하며 일생에 단 한 번밖에 없다는 신인왕을 거머쥔다. 하지만 탄탄대로를 달릴 것 같던 김인식의 야구인생은 거기서 끝이 났다. 입단 이듬해 탈이 난 어깨는 1967년 해병대에 입대한 뒤에 아예 돌이킬 수 없는 지경으로 망가졌다. 한국 최고의 투수로 대성할 수 있었던 유망주는 벼랑 끝으로 떨어졌다.

희망이 사라진 그곳에서 그는 피눈물을 가슴으로 삼키면서 인생을 배웠다. 육체적 건강이 달아난 자리에 정신적 성숙의 씨앗을 뿌려 싹을 틔웠다. 타인에 대한 배려와 사랑, 그리고 믿음이 서서히 꽃을 피웠다. 어깨부상으로 일찍 꿈을 접는 바람에 시작된 지도자 생활. 그러나 진심어린 사랑으로 제자들을 감싸 안았다. 그리고 믿음으로 키웠다. 김인식의 가장 빛나는 야구색깔은 바로 이 '믿음' 이다. 선수들에게 믿고 맡기는 '믿음의 야구' 는 결국 자신의 굴곡진 야구 인

생에서 시작됐고, 이것이 든든한 자양분이 되었다. 날개 꺾인 부상선수나 은막 뒤로 사라질 퇴

물 선수의 마음속에 들어가 그들의 마지막 남은 혼(魂)을 불태우게 하는 김 감독의 재주는 하

늘에서 뚝 떨어진 천부적 재능이라기보다는 불운했던 야구 인생이 잉태한 경험의 산물이었다.

프로감독 시절, 하도 많은 부상 선수나 퇴물 선수를 재기시켜 그에게는 '재활의 신'이라는 별

명까지 붙었다. 어린 나이에 어깨부상의 덫에 걸려 채 날아보지도 못하고 날개가 꺾였던 아픈

기억이 상처받은 영혼을 어루만져줄 수 있는 따뜻한 마음씨의 원천이 됐다.

김 감독에겐 '사람의 향기'가 난다. 가슴에 뜨거운 난로가 두 서너 개쯤은 들어 있다는 우스갯

소리는 그의 인간 됨됨이를 잘 설명해주고도 남는다. 한국 야구사를 화려하게 장식한 명장들

은 많다. 그러나 '국민감독'이라는 가장 위대한 찬사가 따라붙는 사람은 김 감독이 유일하다.

머리가 차가운 명장은 많았지만 따뜻한 마음을 가진 명장은 그리 흔치 않다. **김 감독은 진한**

'사람의 향기'로 선수들을 움직이는 가슴 따뜻한 덕장이다.

김인식 감독 약력

- 생년월일 : 1946년 5월 1일
- 출생지 : 서울
- 출신교 : 배문중—배문고
- 실업 경력 : 한일은행(1965년, 팀 명칭은 크라운맥주), 해병대(1967년~1969년)
- 한일은행(1969년~1972년)
- 국가대표 경력 : 제7회 아시아선수권대회 참가(1967년, 일본 도쿄)
- 아마추어 감독 : 배문고(1973년~1977년, 1981년), 상문고(1978년~1980년),
  동국대(1982년~1985년)
- 프로야구 코치 : 해태 수석코치 겸 투수코치(1986년~1989년)
- 프로야구 감독 : 쌍방울(1990년~1992년), OB 및 두산(1995년~2003년),
  한화(2005년~2009년)
- 프로통산 기록 : 980승 1032패 45무(16시즌 2057경기)
- 한국시리즈 우승 : 1995년 OB, 2001년 두산(통산 2회)
- 국가대표 지도자 경력 : 1991년 제1회 한일슈퍼게임 코치
  1995년 제2회 한일슈퍼게임 감독
  1999년 제3회 한일슈퍼게임 감독
  2000년 시드니올림픽 코치(동메달)
  2002년 부산아시안게임 감독(금메달)
  2006년 제1회 월드베이스볼클래식 감독(4강)
  2009년 제2회 월드베이스볼클래식 감독(준우승)
- 현직 : 2010년~한국야구위원회 규칙위원장
  2011년~한국야구위원회 기술위원장
  2012년~대한야구협회 초중고 야구팀창단추진위원회 위원장
- 개인상 및 포상 : 1961년 전국중학 연식야구 올해의 선수
  1964년 제6회 화랑기전국고교대회 감투상
  1965년 대통령배실업연맹전 최우수 신인선수상, 실업 올스타전 1차전
  우수투수상
  1983년 대학야구 춘계리그 감독상
  1984년 제18회 대통령기전국대학대회 감독상
  1985년 대학야구 춘계리그 감독상
  1991년 다이아몬드 감독상(스포츠조선)
  1995년 올해의 감독상(스포츠서울)
  2005년 체육훈장 거상장

● 끌림, 떨림, 그리고 울림이 있는 사람이다. 그를 만나보면 일단 끌림을 온몸으로 느낀다. 사람을 빨아들이는 무서운 흡인력. 딱히 현란한 말주변이 없는데도 사람을 확 잡아끄는 매력이 있다. 아마도 진실성 때문일 게다. 그 다음은 떨림이 이어진다. 필요할 때만 툭툭 내던지는 한두 마디가 그야말로 촌철살인이다. 맥락을 벗어나는 법이 없고 핵심을 정확히 찌르는 예리한 식견에 다시 한 번 놀란다. 영혼의 나침반을 파르르 떨리게 하고 가끔씩 가슴도 쿵쾅쿵쾅 뛰게 한다. 그러다보면 그와의 만남이 즐겁고 짐짓 기다려지기까지 한다. 김인식 감독은 그렇게 울림을 여운처럼 남기는 사나이 중에 사나이다.

김 감독은 돌아선 뒷모습이 아름다운 멋쟁이이기도 하다. 프로야구 감독 17년 동안 그만큼 마무리가 아름다운 감독도 드물었다. 잘리고 나면 서운한 감정에 구단을 향해 가시 돋친 원망을 쏟아내기 마련인데, 그는 늘 진심에서 우러나오는 감사의 말로 구단을 멋쩍게 만드는 그런 감독이다. 끌림, 떨림, 그리고 울림이 있는 지도자. 세계 야구를 경악시킨 한국야구의 신화 창조 모두가 그의 손끝에서 이뤄진 것도 바로 이런 이유 때문이 아닐까. 제1회 월드베이스볼클래식WBC 4강에 이어 제2회 WBC에서도 '위대한 도전'

이라는 기치를 내걸어 준우승을 이끌어낸 김 감독의 리더십은 감동을 뛰어넘어 사회적 신드롬으로 부상하며 큰 주목을 받았다.

사람들은 차돌 같은 팀워크로 전력의 극대화를 이뤄낸 김 감독의 리더십을 한마디로 '믿음의 리더십' 이라고 불렀다. 무에서 유를 창조하듯 대표팀 지휘봉만 쥐면 기적을 연출하는 그는 '믿음' 이라는 묘약을 써서 세계를 두 번씩이나 놀라게 했다. 그는 믿음이라는 거대한 블루오션에 배를 띄웠다. 선수를 믿지 못하는 지도자들은 틀을 깨는 창조적인 발상보다는 판에 박힌 용병술로 승리에만 집착하게 된다. 그러한 리더십은 레드오션에서나 통용되던 낡은 리더십으로 경쟁력이 없다.

김 감독의 리더십에 모두가 깜짝 놀라는 이유는 예상을 뛰어넘는 기적 같은 결과를 이끌어내기 때문이다. 메이저리거들이 총출동한 WBC에서 한국이 이처럼 펄펄 날지는 그 누구도 몰랐다. 김 감독이 사령탑으로 있었기에 가능한 일이었다. 여인은 정인情人을 위해 화장을 하고, 남자는 자신을 알아준 사람을 위해 목숨을 바친다고 했다. 그가 선수들에게 무한 신뢰를 보내자 선수들도 마음을 다해 혼을 불살랐다. 대한민국 스포츠 역사에서 유일무이한 '국민감독' 의 탄생은 개성 강한 슈퍼스타들에게 태극마크의 신성함을 깨닫게 하고 이들을 하나로 묶어낸 그의 탁월한 리더십에서 나왔다.

믿고, 참고, 기다려라

'기다림의 미학' 을 아는 녹색 그라운드의 철학자. 그의 야구인생을 지켜보면 이런 생각이 퍼뜩 든다. 프로 첫 사령탑이었던 쌍방울 시절의 값진 경험이 그에게 인내와 기다림의 소중함을 일깨워줬다. 1990년 쌍방울 창단 사령탑에 부임한 김 감독은 젊은 선수들을 키우며 이 같은 진리를 터득했다.

쌍방울은 1991년 페넌트레이스에 처음으로 참가했다. 초대 감독에 선임된 김 감독은 인내심을 바탕으로 한 뚝심 있는 용병술로 프로야구계를 깜짝 놀라게 했다. 인하대를 졸업한 루키 김기태를 개막전부터 4번 타자로 기용하면서 자신의 인내를 시험하는 험난한 길에 들어섰다. 김 감독의 인내심은 고래심줄같이 질겼다. 김기태는 개막 한 달이 훌쩍 지나도록 감을 잡지 못했다. 마수걸이 홈런은커녕 타율도 2할을 갓 넘길 정도로 죽을 쒔다. 현재 LG 지휘봉을 쥐고 있는 젊은 사령탑 김기태는 그 때를 회상했다.

"위축감으로 숨도 제대로 못 쉴 지경이었는데 감독님은 늘 저에게 '걱정하지 마! 이제 한 달밖에 안 지났어'라고 하시는 거예요. 지금 생각해도 정말 대단한 뱃심이셨어요."

김기태가 자신감을 찾게 된 데는 김 감독의 기상천외한 사인 하나가 큰 힘이 됐다. 1991년 7월 1일 전주 삼성전은 김기태의 야구인생에서 아직도 지워지지 않는 터닝 포인트로 남아 있다. 0-1으로 뒤진 3회 말 타석에서 나온 김 감독의 뜬금없는 사인은 김기태를 어리둥절하게 만들었다. 볼카운트 0-3에서 히팅사인이라니? 볼카운트 0-3에서는 4구로 출루할 가능성이 높아 보통 볼 하나를 더 기다리는 게 야구의 정석. 김기태는 자신의 눈을 의심했다. 그 짧은 순간에 만감이 교차했지만 야구는 본능의 스포츠다. 김기태는 의심의 싹을 단박에 잘라내고 승부에 몰입했다. 상대 투수 윤석환의 손끝에서 볼이 빠져 나오는 순간 김기태는 반사적으로 배트를 휘둘렀고, 경쾌한 소리와 함께 뻗어가던 타구는 거짓말처럼 우측펜스를 훌쩍 넘어갔다. 볼카운트 0-3에서 날린 신인 4번 타자의 데뷔 첫 스리런 홈런. 이 한 방에 야구계는 술렁거렸다. 김기태는 이후 자신도 믿기 힘들 정도로 급성장했다. 페넌트레이스를 마쳤을 때 김기태는 27홈런을 쏘아 올리면서 신인으로서 프로야구 좌타자 홈런기록을 새롭게 쓴 '벼락 스타' 가 돼 있었다.

만약 김 감독이 조바심을 이겨내지 못하고 김기태를 시즌 초반 스타팅 멤버에서 제외했더라면 어떻게 됐을까. 아마도 한국 프로야구 역사는 크게 달라졌을지도 모른다. 프로 15시즌 동안 통산 1544경기에 출전해 타율 2할9푼4리, 홈런 249개, 타점 923점을 기록하며 한국 프로야구를 대표하는 왼손 슬러거로 한 획을 그었던 김기태는 데뷔 때 참고 기다려준 김 감독이 없었다면 결코 화려한 꽃을 피우지 못했을 것이다.

김 감독의 '기다림의 미학'을 얘기할 때 '어린왕자'로 불렸던 김원형도 빠질 수 없다. 1991년 쌍방울에서 데뷔한 김원형은 그 해 4월 26일 전주 태평양전 첫 승 이후 무려 9연패에 빠졌다. 김 감독은 "어린 김원형이 연패의 충격이 컸던 탓인지 '더 이상 선발 마운드에 서지 않겠다'며 울고불고 난리도 아니었다. 그 때도 김원형의 투정을 모른 채 하며 끝까지 선발 투입을 밀어붙였다. 결국 김원형은 당대 최고의 투수였던 선동렬과 맞대결에서 완봉승을 거둔 뒤 기량이 일취월장했다"고 기억을 더듬었다. 김원형은 8월 14일 광주 해태전에서 선동렬을 상대로 9이닝 10탈삼진 완봉승을 따냈고 이후 100승 투수134승의 반열에 올랐다.

기다림에 인색한 감독의 조바심으로 수많은 유망주들이 꿈을 채 펴지도 못하고 녹색 그라운드에서 사라지고 있는 게 한국 야구의 엄연한 현실이다. 현재의 기량도 중요하지만 팀의 미래를 위해 가능성 있는 선수를 뚝심 있게 기용하며 키워내는 용병술이 절실하다. 그런 면에서 김인식은 미래

를 내다보며 '기다림의 미학'을 터득하고 실천했던 선구자적인 감독이다.

기다림은 희망을 품는 기술이다. 기다리지 못하면 희망을 기대할 수 없다. 달걀을 깬다고 병아리가 나오는 게 아니다. 병아리는 달걀을 품에 안고 기다려야 비로소 나오는 법이다. 꽃도 피라고 해서 결코 피지 않는다. 가지를 치고 거름도 주면서 절정의 순간을 묵묵히 기다리다보면 시나브로 아름다운 꽃은 피게 되는 것이다. 기다림은 바로 그런 것이다.

상처받은 영혼을 치유하는 '마음의 의사'

김 감독은 부상당하거나 버림받은 선수들을 부활시키는 데 노하우가 있다. 2005년 한화 감독 시절 그는 '재활의 신'이라는 기상천외한 별명을 얻었다. 부상으로 날개가 꺾였던 조성민 지연규, 그리고 기아에서 버림받은 김인철 등 상처 입은 영혼들에게 새 생명을 불어넣었다. 그야말로 '미다스의 손'이 따로 없었다. 그의 손이 닿으면 알라딘의 요술램프처럼 갖은 조화를 다 부렸다. 선수들의 식었던 피가 다시 끓었고, 퇴화된 힘줄도 불끈 솟아났다. 절망의 나락에서 사그라지던 선수들의 의지도 활활 불타올랐다.

김 감독은 부상선수나 구단에서 버림받은 퇴물 선수들의 심리상태를 정확하게 짚어냈다. 상처받은 이들의 마음을 지배하고 있는 정교한 심리장치는 무엇일까. 바로 애정결핍과 자신감 결여다. 타 구단에서 버림받은 선수들은 하나 같이 애정결핍의 심리상태에 사로잡혀 있다. 부상 선수 역시 불안한 심리상태에 내몰리기는 마찬가지다. 몸이 재산인 운동선수에게 부상은 가혹한 형벌이나 다름없다. 부상의 덫에 걸리면 자신감이 떨어지고 설령 부상이 회복되더라도 재발에 대한 공포심 탓에 정신력은 급격히 약해지기 마련이다. 육체의 나약함은 훈련으로 극복될 수 있지만 영혼의 상처는 그리 쉽게 이겨낼 수 없다. 김 감독은 상처받은 영혼을 치유하는 방법을 자신의 불운했던 야구 인생을 통해 터득했다. 그가 건넨 사려 깊은 말 한마디는 이들의 마음을 움직였다. 강한 충격보다는 부드러운 자극이 상처 입은 영혼들의 경기력을 회복하는 데 큰 힘이 됐다.

김 감독의 리더십은 '부드러운 카리스마'로 요약할 수 있다. 그의 리더십은 한국 스포츠계를 지배하고 있는 강한 지휘 스타일과는 거리가 있다. 그는 강한 외부적 자극에 의존하는 전통적인 지도 스타일에서 벗어나 선수들의 자발적인 행동을 이끌어내는 용병술에 초점을 맞췄다. 상처 입은 선수들이 유독 김 감독만 만나면 물 만난 고기마냥 펄펄 나는 이유도 바로 거기에 있다. 지친 영혼을 어루만지는 그의 섬세한 리더십은 아무도 기대치 않았던 기적의 결과로 곧잘 나타난다. 상처받은 영혼은 결핍과 결여의 불안전한 심리상태가 충족되기만 하면 숨어 있던 에너지를 폭발시키며 무섭게 돌변한다. 자신을 보듬어준 보스를 향한 이들의 충성심은 보통 선수들의 그것과 비교할 수 없을 정도로 깊기 때문이다.

육체의 병보다 마음의 병이 더 깊고 치유하기 힘들다. 이리 치이고 저리 치이면서 갈기갈기 찢겨진 마음을 사랑으로 품고 어루만지는 데는 김 감독만한 지도자가 없다. 상처 입은 영혼을 치유하는 신비한 능력을 지닌 그는 그야말로 '마음의 의사'로 불러도 손색이 없다.

김 감독의 '믿음의 리더십'은 창조성으로 이어진다. 발전의 원동력은 무엇일까. 상상력이 뒷받침된 창조성이라고 감히 말하고 싶다. 스포츠에서도 마찬가지다. 경기력의 질적 도약은 외부의 자극이 아니라 끊임없는 자기노력에 따른 창조적 상상력이 뒷받침되지 않고서는 이루기 힘들다.

한국 스포츠의 고질적인 병폐 중 하나는 바로 창조적 상상력의 결여다. 국내 주니어 선수들은 세계 정상급의 실력을 뽐내다가 정작 승부를 걸어야 할 시니어가 되면 약속이나 한 듯 발전에 제동이 걸리곤 한다. 외부 자극에만 반응하고 경기력 향상의 질적 도약을 이끄는 열쇠인 창조적 상상력을 가동하는 힘을 키우지 못한 탓이다. '믿음의 리더십'은 이러한 내적 동인動因에 포커스를 맞추고 있다. 김 감독 밑에서 야구를 하는 선수들은 상황별 대처능력이 뛰어나다는 게 대체적인 평가다. 일일이 벤치에서 지시를 내리는 다른 감독과 달리 선수들에게 믿고 맡기니까 창조적 상상력이 생긴다. 자연스레 경기 흐름과 상황에 따라 스스로 대처하는 능력이 향상될 수밖에 없다. 선수들은 경기 내내 집중력을 갖고 경기의 흐름을 파악한 뒤 머릿속에서 다양한 작전의 경우의 수를 생각하면서 경기에 몰입한다. 자연스럽게 창조적 상상력이 계발될 수밖에 없는 이유다.

'믿음'은 창조적 상상력을 향상시키는 것으로 끝나지 않는다. 감독이 선수를 믿고 그에 따른 책임을 부여하면 팀에는 자율성이 싹트게 된다. 구성원 스스로가 책임감을 느끼면 통제와 간섭이 사라지고 자율이라는 새로운 가치가 조직의 시스템을 작동시키는 원리로 자리 잡게 되는 것이다. 그 결과 사람이 사람을 지배하고 감시하는 폐단이 사라지는 것은 물론 조직은 자율성을 바탕으로 스스로의 안정화를 꾀하는 자정기능까지 덤으로 얻을 수 있다. 믿음의 힘은 정말 위대하다.

욕심을 버리고 물처럼 순리를 따르다

동국대 시절부터 김 감독의 가르침을 받은 애제자인 한화 송진우 투수코치는 "욕심이 별로 없고 순리를 거역하지 않는 분"이라고 스승을 곁에서 지켜본 소감을 말했다. 그랬다. 고교감독, 대학감독, 프로코치, 그리고 야구의 최고봉인 프로야구 사령탑을 거치면서 그는 순리를 거역하지 않도록 자신을 엄하게 채찍질했다. 제2회 WBC 사령탑 선임에서 그는 아무도 맡지 않겠다며 물린 '독배'를 순리에 따라 받아들였다. 당시 하일성 한국야구위원회KBO 사무총장은 감독 선임이 난관에 봉착하자 단 한 마디의 상의도 없이 대표팀 사령탑으로 김 감독을 발표하는 임기응변을 발휘했다. 둘 사이가 막역하기도 했지만 김 감독이 대의명분을 쉽게 거스를 수 없는 성격이라는 것을 직감해서 떠올린 기지였다. 결국 김 감독은 모두가 물린 '독이 든 성배'를 순리에 따라 받아 '젖과 꿀이 가득한 성배'로 바꿔 버렸다. 하 총장의 후일담이 재미있다.

"제가 심장수술을 받고 그 좋아하던 술을 끊었잖아요. 그 날 감독을 맡아달라고 찾아간 자리에서 말도 않고 양주 4잔을 거푸 들이켰더니 마음 약한 이 형님이 깜짝 놀라서 감독직을 수락했지요. 인식이 형님이 결국 내 부탁으로 성치 않은 몸을 이끌고 WBC에 사령탑으로 출전하게 된 것이지요. 형님에게 평생 큰 죄를 지었어요."

세상을 바라보는 김 감독의 눈길은 그렇게 따사롭다. 분노와 증오에 사로잡혀 도끼눈을 치켜뜨고 세상을 비뚤게 보는 법이 없다. 늘 편안한 마음으로 세상을 있는 그대로 관조한다. "물 흐르듯이 세상을 살고 싶다"는 게 그의 인생관이다. 순리대로 흐른 물이 결국 김 감독을 '독이 든 성배'라던 WBC 대표팀 사령탑으로 밀어 넣었지만 그는 온갖 난관을 보란 듯 헤쳐내고 준우승의 쾌거를 이뤄냈다.

김 감독은 흐르는 물처럼 지도자 생활을 했다. 고교 감독을 거쳐 대학 감독, 그리고 프로무대로 뛰어들어 코치를 역임하면서 차근차근 경력을 쌓고 내공을 키웠다. 지도자 단계를 업그레이드시킬 때도 본인의 욕심과 욕망을 철저히 억제했다. 임명권자가 주위의 평가를 듣고 먼저 김 감독에게 손을 내밀었고, 김 감독 역시 그 자리를 객관적이면서 냉정하게 판단해 자신이 있다는 생각이 들면 응했다. 자신의 능력에 넘치는 자리라면 정중하게 사양하며 고개를 돌렸다.

김 감독은 물처럼 순리를 따르려고 무던히 노력하는 지도자다. 그는 노자의 도덕경에 나오는 '상선약수上善若水'의 의미를 늘 가슴에 새기고 있다. "가장 좋은 것은 물과 같다"는 게 이 사자성어의 표면적인 해석이겠지만 여기에는 많은 뜻이 함축돼 있다. 물의 상징성은 겸손과 부쟁不爭이다. 물은 항상 위에서 아래로 흐르며 자신을 끊임없이 낮춘다. 두 차례의 WBC 쾌거에도 김 감독은 결코 목에 힘을 주지 않았다. 선수들에게 모든 공을 돌리며 자신은 늘 몸을 낮췄다.

물의 또 다른 상징성인 부쟁도 순리를 따르는 삶이 무엇인지를 잘 말해 준다. 아래로 흐르던 물이 자신을 높이기 위해 거꾸로 올라가려고 다투는 것을 보았는가. 갈등과 투쟁의 시대, 그리고 승리가 유일한 미덕인 스포츠 세계에서 부쟁의 이미지가 도대체 무슨 도움이 되겠냐며 반문하는 사람도 많겠지만 세상의 근본 이치를 파고들면 얘기는 달라진다. 세상은 결국 다양한 사람들이 함께 더불어 사는 것이다. 더불어 사는 세상에서 부쟁의 이미지는 원만한 사회적 관계 맺기에 필수적이지 않을까. 물은 평화와 공존의 상징성을 내포하고 있는 것이다. 흐르던 물이 돌을 만나면 돌의 자리를 차지하기 위해 용을 쓰지 않고 그냥 슬쩍 비켜갈 뿐이다. 물은 그렇게 평화적이지만 결국에는 모든 것을 다 이긴다. 그리고 만물을 모두 이롭게 하는 것도 바로 물이다水善利萬物. 상선약수의 함의를 꿰뚫고 있는 김 감독은

물과 같은 그런 사람이다.

김 감독이 그리는 야구 그림은 그야말로 변화무쌍하다. 그의 붓이 지나간 자리는 대지를 뚫고 봄기운을 전하는 아지랑이가 산들거리는가 하면, 때로는 작렬 하는 태양이 넘실대기도 한다. 어디 그 뿐이랴, 술에 취한 듯 만산을 빨갛게 물들인 단풍이 수놓아지기도 하고, 두려움에 떨게 하는 격정적인 눈보라가 몰아치기도 한다.

거침없는 붓놀림에 따라 다채로운 그림으로 표현되는 김인식의 야구지만 그림 전체를 관통하는 맥이 있다. 이른바 선수가 주연배우가 되는 선이 굵은 야구다. 선수들을 신뢰하고 그들에게 맡기는 야구는 뚝심과 철학 없이는 불가능하다. 야구는 결국 "감독이 아니라 선수가 하는 것"이라는 게 김인식이 금과옥조처럼 여기는 야구관이다.

대부분의 야구 감독들은 착각에 빠지곤 한다. 선수시절 때는 "야구는 선수가 하는 것"이라며 선수들을 틀에 가두는 '감독의 야구'를 못마땅해하다가도 정작 자신이 감독이 되면 마음이 달라진다. 선수들에게 맡기기보다 감독 자신의 능력을 만천하에 뽐내고 싶어 한다. 이런 작전, 저런 작전을 구사하며 선수가 아니라 감독이 경기를 풀어내려고 용을 쓰는 게 일반적인 현상이다.

김 감독은 프로야구에서 16시즌을 경험하면서 평범한 진리를 깨달았다.

"감독의 능력으로 진 경기를 이기게 하는 경우는 드물지만 감독 때문에 다 이긴 경기를 내주는 경우는 숱하게 봤다."

김 감독의 이 한 마디는 많은 것을 생각하게 한다. 자신이 추구하는 '믿음의 야구'가 왜 유용한지를 충분히 설명하고도 남는다. 그의 야구는 그래서 늘 선수가 주인공이다. 감독은 경기의 흐름을 원활하게 살려나가고 맥을 짚어주며 막힌 곳을 뚫어주는 역할에만 그친다. 있는 듯 없는 듯, 그러나 선수들의 신명나는 플레이를 펼칠 수 있도록 멍석을 깔아주는 게 바로 감독의 가장 큰 임무다.

믿음은 일방통행이 아니다. 눈에 보이지는 않지만 쌍방향 대화를 가능하게 하는 게 바로 믿음이다. 믿음을 부여하는 자와 믿음의 수혜자는 물리적으로 떨어져 있는 것 같지만 결코 그렇지 않다. 둘은 단단한 화학적 결합으로 묶여져 있으며, 서로의 마음과 마음은 보이지 않는 투명한 실로 이어져 있다. 믿음의 수혜자는 믿음을 부여한 사람을 위해 헌신과 희생으로 자신을 내던질 준비가 돼 있다. 기대치를 뛰어넘는 결과를 안겨주려고 최선을 다하려는 마음가짐, 이게 바로 믿음이 기적의 결과물을 생산해내는 가장 결정적인 이유인 것이다. 리더십leadership과 팔로워십followership이 믿음이라는 용광로 속에서 한데 녹아 강력한 에너지를 분출하는 파트너십partnership으로 탄생하는 과정을 지켜보는 것은 정말 행복하다.

푸른 감동의 물결이 아직도 눈에 선하다. 두 차례의 WBC에서 김 감독은 지휘봉을 쥐며 믿음의 위대함을 맘껏 뽐냈다. 2013년 3월이면 세 번째 WBC가 막을 올린다. 이제 그는 WBC 한국대표팀을 전체적으로 디자인하는 KBO 기술위원장으로 위대한 도전의 제 3막을 준비하고 있다. 믿음을 통해 사람의 마음을 얻으면 날카로운 창끝도 능히 이겨낼 수 있다고 했다. 서로에 대한 믿음이 마음과 마음으로 이어지면 꿈은 반드시 이뤄지게 돼 있다.

마지막에는 항상 사람을 웃게 만드는 사람

감독 김인식! 한국시리즈를 두 번이나 제패했고, 메이저리거들이 총 출동하는 국가간 야구 대항전인 2006년 제1회 월드 베이스볼클래식(WBC)에서 변방에 머물던 한국야구를 4강의 반열에 올려놓은 명장이다.

2009년 제2회 WBC대회를 앞두고 KBO가 감독 선임에 어려움을 겪고 있었을 때 그는 소속팀의 전지훈련 기간 동안 사령탑 부재에도 불구하고 흔쾌히 감독직을 수락했다. 그리고 선수들의 참여를 독려하면서 넘치는 카리스마로 이렇게 말했다.

"국가가 있고 야구가 있다. 국가가 없으면 야구가 무슨 소용이 있는가?"

대표팀은 제2회 WBC대회에서 준우승의 쾌거를 이룩하기는 했지만 그에게 붙여진 국민감독이란 칭호는 준우승이라는 결과 때문은 아니었을 것이다. 국민들 모두 그 말이 담고 있는 의미가 얼마나 큰 것인지를 잘 알고 있었다. 그리고 그것은 선수뿐만 아니라 우리 국민 모두가 진정 무엇을 어떻게 생각하고 처신하며 살아가야 하는지를 알려주는 경종의 말이었다.

김 감독은 지금 현역 감독직에서 물러나 KBO에서 기술위원장과 규칙위원장을 겸직하고 있다. 김 감독이 가까이 있어 야구에 대한 현안이 있을 때마다 나에게는 좋은 카운슬러가 된다. 야구에 관한 그의 해박한 지식과 열정은 중요한 결정을 내려야 하는 순간에 나에게 큰 도움이 된다.

김 감독은 나보다 연배가 두 살 위다. 또 2005년 말 느닷없이 찾아온 뇌경색 때문에 몸이 불편하다. 하지만 무슨 일이 있을 때면 꼭 얼굴보고 얘기해야 한다고 집이 있는 경기도 용인에서 강남까지 비가 오나 눈이 오나 먼 걸음을 마다하지 않는다.

감독 김인식은 그라운드에서 냉철한 승부사지만 인간 김인식은 부드럽고 유머스러운 사람이다. 어려운 주제나 곤란한 질문이 있어도 촌철살인의 화법으로 풀어낸다. 그리고 마지막에는 항상 사람을 기분 좋게 만드는 웃음을 선사한다. 예전에는 두주불사도 마다 않는 호남이었다지만, 지금은 불편한 몸 때문에 아직까지 막걸리 한 사발 나누지 못했다. 요즘은 그것이 못내 아쉽기만 하다.

– **구본능**(KBO 총재)

광적인 규율로 차돌같은
팀워크를 만들라
조직관리의 구루가 되라

배구코트에 삼성신화를 쓰고 있는 '코트의 제갈공명', 신치용

승부처

고요했던 마음의 바다에 잔잔한 파문이 일었다. 흔들렸다. 워낙 충격이 컸던 탓일까. 빠른 수습을 위해 철석같이 지켰던 원칙을 버리고 싶은 강한 충동에 빠졌다. 1998년 여름. 창단 4년 만에 닥친 첫 위기에 정신이 아득해졌다. 신치용 감독의 지도 방침에 반기를 들고 삼성화재 전 선수들이 숙소를 이탈한 초유의 사건. 강한 훈련과 엄격한 규율에 지친 선수들이 "우리들이 고등학생이냐?"며 숙소를 박차고 나갔다. 김태종(현 KGC인삼공사 코치) 당시 주무는 선수들의 소재를 파악한 뒤 직접 만나러 가자고 감독을 설득했다. 신 감독의 마음도 흔들렸다. 구단에서 이 소식을 접한다면 감독의 리더십에 치명타를 입을 게 뻔하기 때문. 그러나 신 감독은 멀리 보기로 했다. '여기서 타협하면 팀이 무너진다. 힘들지만 선수들이 연락 올 때까지 참자.' 결국 제 풀에 지친 선수들이 먼저 연락이 왔고 신 감독은 원칙을 지키며 사상 초유의 선수단 집단 이탈 사건을 수습했다. 그 때 선수들과 타협을 했더라면 신 감독의 오늘은 없었을 것이다.

'선수들과 대화는 하지만 타협은 없다.'

삼성화재 특유의 차돌 같은 조직문화를 만드는 데는 금과옥조처럼 지킨 이 원칙이 단단히 한 몫을 했다. 신 감독은 "그 때 급한 불을 끄기 위해 원칙을 버리고 선수들과 타협했다면 삼성 화재의 탄탄한 전통과 끈끈한 조직력의 배구는 결코 뿌리내리지 못했을 것"이라고 힘주어 말 한다.

역사는 순간이 잉태한 꽃이라고 했다. 타임머신을 타고 1998년 여름 그때로 되돌아가더라도 그는 똑같은 선택을 했을 것이다. 궁지에 몰린 자신의 처지보다 팀의 장래를 먼저 걱정해야 하는 게 감독의 소임이라고 믿고 있기 때문이다. 멀리 보고 높이 날지 못하면 조직의 미래는 없다.

신치용 감독 약력

● 생년월일 : 1955년 8월 26일

● 출생지 : 경상남도 거제

● 출신교 : 성지공고–성균관대

● 1980년~1983년 한국전력공사 선수

● 1983년~1995년 한국전력공사 코치

● 1991년~1994년 국가대표 코치

● 1995년 9월 1일 삼성화재 배구단 감독 취임

● 1997년~2004년 실업배구 슈퍼리그 8연패(77연승), 최우수지도자상 8회

● 1997년 체육훈장 기린장

● 1999년 국가대표 감독, 시드니 올림픽 본선 진출

● 2001년~2002년 아시아선수권 우승 2회

● 2002년 10월 부산아시안게임 우승

● 2004년 체육훈장 백마장

● 2005년 시즌 프로출범 원년 V리그 우승

● 2005년~2006년 시즌 V리그 준우승

● 2006년 4일 한일 톱매치 우승

● 2006년 9일 KOVO컵 우승

● 2006년~2007년 시즌 V리그 준우승

● 2007년 4월 한일 톱매치 준우승

● 2007년~2008년 시즌 V리그 우승

● 2008년 9월 KOVO컵 준우승

● 2008년~2009년 시즌 V리그 우승

● 2009년 8월 부산·IBK기업은행 국제배구대회 우승

● 2009년~2010년 시즌 V리그 우승

● 2010년~2011년 시즌 V리그 우승

● 2011년~2012년 시즌 V리그 우승(V리그 5연패 및 통산 6회 우승)

● 창단 사령탑으로 18년째 삼성화재 배구단 지휘봉을 쥐고 있는 신치용 감독은 한국 스포츠 사상 가장 화려한 금자탑을 쌓은 지도자 중 한 명이다. 아직도 그의 도전은 멈출 기미를 보이지 않는다. 욕심 많은 그가 한 층 한 층 쌓아올리고 있는 금자탑을 보고 있노라면 감탄사가 절로 나온다. 겨울리그에 처음으로 출전한 1997년부터 2011~2012시즌까지 무려 16시즌 연속 단 한 번도 빠지지 않고 팀을 챔프전에 진출시켰다. 그 가운데 14번의 우승컵을 들어올렸다. 실업시절 슈퍼리그 8연패에다 2005년 프로출범 이후 지난 시즌까지 5연패를 포함해 통산 6번이나 우승 축포를 터뜨린 그의 이름 앞에는 '코트의 제갈공명'이라는 찬란한 수식어가 따라붙는다. 감히 아무도 범접할 수 없는 그의 지도력은 과연 어디서 나오는 것일까.

신 감독은 구구한 설명보다 딱 한 가지를 꼽았다. 바로 조직 문화를 거론했다. "우리 팀은 무엇을 해야 할지를 아는 팀이다. 삼성화재의 배구는 하루 아침에 이뤄지지 않았다. 열심히 땀 흘리지 못하면 도태될 수밖에 없는 조직 문화를 갖고 있는 게 우리 팀의 제일 큰 강점"이라고 단언했다.

그랬다. 그는 창단 지휘봉을 쥐면서 세상에서 가장 단단한 집을 짓고자

다짐했다. 세상에서 가장 단단한 집은 무엇일까? 바로 마음으로 짓는 집이다. 벽돌 한 장 한 장에 구성원의 마음을 담아 정성스레 쌓다보면 그 어떤 단단한 재질의 소재로 짓는 집보다 굳건하게 버틸 것이라는 그의 믿음은 제대로 맞아 떨어졌다. 그가 선수들과 한 마음으로 쌓아올린 집은 시간이 지나면서 더욱 단단해졌다. 그 집은 어느덧 철옹성이 됐다. 역사와 전통은 만들기가 어렵지 한 번 뿌리를 내리면 쉬 무너지지 않는다. 삼성화재 배구는 '조직관리의 구루Guru'로 불리는 신 감독의 굳센 심지와 미래를 내다보는 혜안으로 뿌리를 내렸다. 삼성화재 선수들은 늘 자신감 넘치는 눈빛으로 말한다.

"우리의 핏줄 속에는 이기는 방법을 알고 있는 DNA가 숨어 있다. 큰 경기에선 어김없이 그 DNA가 작동하고 있음을 온몸으로 느낀다."

'푸른 피'가 흐른다고 자부하는 삼성화재 선수들에게 우승의 DNA를 이식한 사람은 누가 뭐래도 신 감독이다. 그가 18년 전에 뿌린 씨앗은 싹을 틔우고 꽃을 피웠다. 우승 축포가 터지는 현장에서 선수들은 제각각 달랐지만 그들이 공유하는 생각과 정신은 똑같았다. 내가 네가 되고 모두가 하나가 되면서 '삼성화재 배구왕조'의 역사는 찬란하게 씌어졌다.

'광적인 규율', 팀의 뼈대를 디자인하다

창단 사령탑은 어쩌면 행운이었는지 모른다. 팀이 만들어지자마자 지휘봉을 거머쥐었기 때문에 백지상태에서 자신이 원하는 그림을 맘껏 그릴 수가 있었다. 그는 자신이 추구하는 조직력의 배구를 펼치기 위해선 차돌 같은 팀워크가 필요하고 판단했다. 코트 안팎에서 개인이 아니라 조직이 유기적으로 움직이는 시스템. 신 감독은 그런 팀을 디자인하고 싶었다. 그래

65

서 내린 결론이 철저한 규율로 팀의 뼈대를 세우는 것이었다. 하루를 네 번으로 쪼개 새벽, 오전, 오후, 야간 훈련을 실시했다. 대학을 졸업한 성인 선수들은 입이 삐죽 나올 법 했지만 팀에서 정한 엄격한 규율은 신 감독의 솔선수범으로 자리를 잡아갔다. 스타 선수도 특권의식을 버리고 팀에 녹아드는 공동체 의식이 서서히 싹텄다. 감독 스스로가 솔선수범하는 노력이 선수들의 마음을 움직인 원동력이 됐다.

신 감독은 새벽 6시 30분 체육관 감독실에 나와 불을 켜고 선수들을 맞

았다. 선수단 회식 다음날에도 가장 먼저 체육관에 나오는 사람이 감독이었고, 이러한 감독의 헌신적인 자세는 먹을 빨아들이는 화선지처럼 선수단을 변모시켰다. 감독이 규율을 철저히 지키자 코치들도 따를 수밖에 없었다. 하늘 같은 코칭스태프가 팀의 규율을 만들고 지키자 물이 위에서 아래로 자연스럽게 흐르듯 선수단도 변했다. 그래도 신 감독은 마음을 놓지 않았다. 훈련이 끝나고도 그의 시어머니 같은 엄격함은 계속됐다. 몸이 재산인 운동선수에게 라면과 같은 인스턴트 음식은 해롭다며 금지시키고 충분한 휴식을 위해 취침시간을 엄수하게 하는 등 창단 초창기 그가 내건 규율은 성인 선수들에겐 참아내기 힘든 고역이었다. 퇴근할 때 선수들의 자동차 바퀴에 돌멩이를 괴어 놓거나 출근 시 쓰레기통을 뒤지는 일도 다반사. 선수들이 밤사이 운동을 게을리 하고 숙소를 빠져 나갔는지, 그리고 몸에 해로운 컵라면을 먹었는지를 점검하기 위해서였다. 이런 신 감독의 노력이 하

나 둘씩 쌓여가면서 삼성화재는 규율을 지키는 팀 문화가 자연스럽게 만들어졌다.

습관은 제2의 천성이라고 했다. 좋은 습관은 결국 팀의 역사가 되고 전통이 될 수밖에 없다. 그래서 신 감독은 팀 창단 초기 광적인 규율fanatic discipline의 신봉자가 됐는지도 모른다. 규율은 곧 일관된 행동이다. 일관된 행동이 반복되다 보면 습관이 되고 좋은 습관은 성공의 든든한 자양분으로 작용하기 마련이다.

변화와 혁신이 강조되는 현대 사회에서도 성공한 기업들의 공통점은 철저한 규율의 준수다. '광적인 규율'은 세계적인 경영 사상가인 미국의 짐 콜린스가 처음으로 개념화했다. 성공한 기업 리더들은 규율을 지키는 정도가 아니라 광적으로 그것을 준수한다는 게 그의 연구결과다. 삼성화재 배구 역시 신 감독이 디자인해 놓은 '광적인 규율'을 준수하면서 무적시대를 힘차게 열어젖힐 수 있었다. 신치용이라는 교주 아래 전 선수들은 열렬한 신도가 됐다. '광적인 규율'은 그들에겐 바이블이나 다름없었다.

얼음처럼 차가운 냉정함은 승부사의 본능

신 감독은 이웃집 아저씨 같은 후덕한 얼굴이지만 결정적인 순간에 돌변한다. 차갑다 못해 잔인하다. 지도자 생활만 만 30년째인 그는 경험에서 터득한 진리 한 가지를 늘 가슴에 새기고 있다. 그 진리는 칼과 같다. 신 감독이 가슴 속에 칼처럼 품고 있는 이 진리는 남을 베는 칼이 아니라 자신을 베는 칼이다. 신 감독은 노장 선수들에 대해 단호한 결단을 내리기로 유명하다. 이는 숱한 현장경험을 통해 터득한 진리다.

"노장 선수들이 팀 훈련을 제대로 소화하지 못하면 팀은 망가진다. 나는 노장의 경험을 높이 사는 지도자이지만 노장 선수가 팀 훈련을 완벽하게 소화하지 못하면 아픔을 감수하고 자를 수밖에 없다."

얼음처럼 차갑다고 느껴질 수 있는 대목이다. 그러나 그것은 승부세계에 몸담고 있는 감독의 숙명인지도 모른다. 냉정하지 못하면 일을 그르치고 만다. 신 감독의 이 같은 지론은 고수의 내공이 짙게 밴 철학에서 나온다.

신 감독은 2007년 삼성화재의 영광을 함께 했던 레프트 신진식과 센터 김상우 그리고 센터 방지섭을 한꺼번에 은퇴시키는 용단을 내렸다. 1년 전 '월드 스타' 김세진까지 코트를 떠난 마당에 그는 또 칼을 빼 들었다.

"가슴이 무척 아팠지만 팀의 미래를 위해 어쩔 수 없었다."

신 감독의 회고다. 왜 그는 야박한 지도자가 될 수밖에 없었을까. 팀 전체에 미치는 영향 때문이다. 노장이 팀 훈련을 완벽하게 소화하지 못하면 자연스레 전체적인 훈련 강도가 약해질 수밖에 없다. 강한 훈련을 통해 무섭게 실력을 향상시켜야 할 후배들이 이유야 어쨌든 성장의 기회를 박탈당하는 악순환이 반복된다는 사실을 신 감독은 꿰뚫고 있었다. 무서운 통찰력이다. 신 감독이 2007년 노장 삼총사를 내칠 때도 이러한 판단 때문이었다. 특히 신진식은 아쉬움이 남았다. 당시 실력이라면 다른 팀 같았으면 2~3년을 더 써먹을 수 있었는데도 신 감독은 냉정했다. 현재, 홍익대 사령탑으로 재직 중인 신진식은 고개를 끄덕이며 말한다.

"그 때는 서운했는데, 지금 제가 지도자의 입장이 되어보니 감독님의 심정이 충분히 이해가 돼요."

김세진의 은퇴 상황은 신진식과 정반대였다. 신 감독이 1년만 더 하자고 설득했지만 김세진이 이를 받아들이지 않았다. 왜 그랬을까. 김세진의 대답이 재미있다.

"버텨낼 자신이 없었으니까요. 감독님이 1년을 더 하자고 했지만 봐주지 않고 후배들과 똑같이 훈련시키실 텐데 어떻게 더 할 수 있겠어요?"

팀을 위해 서푼짜리 알량한 동정심쯤은 싹둑 잘라내야 한다. 리더라면 순간적인 감정에 휘둘리지 않고 조직의 미래를 위해 큰 흐름 속에서 답을 찾으려는 냉정함이 필요하다. 그것이 언제 위험이 닥칠지 모르는 망망대해에서 배와 선원의 안위를 책임지는 선장의 몫이요, 역할이다.

변하지 않으면 그건 고집!

천하의 신 감독도 극심한 좌절감에 빠진 적이 있다. 바로 2005~2006시즌부터 두 시즌 연속 현대캐피탈에 우승컵을 내줬을 때다. 지기를 죽기보다 싫어하는 게 신 감독의 성격. 속은 부글부글 끓었다. 그는 "미치겠더라고요. 그런데 결국 변하지 않고서는 돌파구가 없다는 결론을 얻었다"며 당시를 떠올렸다.

신 감독은 2007~2007시즌에 앞서 변화된 주변 환경에 따라 자신도 변하기로 했다. 실업시절 겨울리그 V8을 달성할 때와는 달리, 눈높이를 낮췄다. 강한 카리스마로 선수들을 앞에서 이끌던 방식에서 벗어나 팀 구성원 전체가 하나라는 멤버십을 강조하며 팀워크를 더욱 단단히 다졌다. 강도 높은 훈련은 선수들 스스로에게 맡기고 심리적 안정을 위해 소통의 새로운 방식을 시도하는 등 변신을 꾀했다. 특히 선수 스스로가 책임감을 느끼며 동료들보다 한 발짝 더 뛰며 희생하는 분위기를 만드는 데 온 힘을 쏟았다.

명가의 자존심을 회복하기 위해 감독의 지도방식과 리더십에 변화를 준 것은 물론 배구의 패러다임도 바꿨다. 김세진 신진식 등이 건재했던 전성시절에는 상대를 힘으로 압도하는 '이기는 배구'를 펼칠 수 있었지만 지금은

상황이 달라졌다. 그래서 변화를 줬다. 바로 '지지 않는 배구'로 돌파구를 찾았다. 범실을 최대한 줄이고 상대가 제 풀에 나가떨어지도록 만드는 게 '지지 않는 배구'의 요체. 석진욱 여오현 고희진 등 30대 노장들이 팀 전술의 주축이 된 삼성화재가 우승컵을 품에 안을 수 있는 유일한 방법이었다.

신 감독은 타 팀에 견줘 가장 앞선다고 자부하는 삼성화재 특유의 끈끈한 조직문화를 믿고 '지지 않는 배구'를 극대화하기 위한 승부수를 던졌다. 강한 카리스마를 앞세운 지도방침에서 벗어나 선수 스스로가 대부분의 것을 알아서 결정하도록 하는 '자율배구'의 씨를 뿌렸다. 경기 하루 전에 감독이 빠진 상태에서 주장의 주재로 선수단이 자율미팅을 실시해 다음날 경기의 전술을 구상하도록 했다. 말이 자율이지 전술의 밑그림을 선수 스스로가 분석하고 결정하는 일에 모두가 무거운 책임감을 느꼈다. 이러한 진지한 태도는 코트에서 악착같은 집중력과 유기적인 협력 플레이로 이어지면서 신 감독이 모토로 내세운 '지지 않는 배구'는 힘을 발휘하게 됐다. 삼성화재는 2007~2008시즌 현대캐피탈을 꺾고 기어코 우승컵을 들어 올린 뒤 2011~2012시즌까지 5연패의 위업을 달성하며 다시 일어섰다. 차돌보다 단단한 조직문화의 전통에 자율이라는 묘약을 더해 이뤄낸 삼성화재의 르네상스는 그래서 더욱 주목을 받았다.

남자의 변신은 유죄다. 특히 조직의 리더는 더욱 그렇다. 조직의 미래는 시대와 환경의 변곡점에서 조타수를 쥐고 있는 리더가 어떻게 슬기롭게 변신하느냐에 그 성패가 달려 있다.

빠른 추격자가 아닌 선도자가 살아 남는다

지혜는 성공이 아니라 실패에서 배운다는 말이 있다. 신 감독은 실패의 무덤에서 성공의 훈장을 낚아 올렸다.

한국배구가 용병의 경기력에 절대적으로 의존하는 추세로 바뀌면서 삼성화재는 2005~2006시즌부터 두 시즌 연속 준우승에 그쳤다. 현대캐피탈이 한국형 용병으로 평가받는 숀 루니를 영입해 삼성화재의 독주에 제동을 걸었다. 당시 신 감독은 우승청부사로 확신한 세계적인 레프트인 미국의 프리디를 데려왔지만 꿈은 수포로 돌아갔다.

신 감독은 한국형 용병에 대한 진지한 고민을 거듭했고 결국 답을 찾았다. 용병이 한국에서 성공하기 위해서는 높이가 필수적이며, 주축선수가 노장인 우리 팀에서는 공격을 도맡아 해야 하기 때문에 강철 같은 체력이 뒷받침 돼야 한다는 게 신 감독이 도출해낸 결론. 특히 기량보다 마음가짐과 태도를 중요시했다. 외국인 선수가 따로 놀지 않고 팀에 녹아들기 위해서는 희생하는 마음가짐과 태도가 중요하다고 판단했다.

신 감독은 "용병은 갈증이 있어야 한다. 돈이든 기술이든 그건 상관이 없다"고 했다. 신 감독의 눈은 정확했다. 프리디 실패 이후 삼성화재는 용병만큼은 기가 막히게 뽑아오는 신통방통한 솜씨를 뽐내고 있다. 2007~2008시즌부터 두 시즌 연속 우승컵을 안긴 안젤코에 이어 지난 시즌까지 세 시즌 연속 우승 선봉장으로 활약했던 가빈은 아무도 거들떠보지 않았던 무명의 선수였지만 둘 다 갈증에 목이 말랐다. 안젤코는 내전에 찌든 크로아티아 출신답게 돈에 대한 갈증이 대단했고, 가빈은 한국 배구의 기술을 배우겠다는 욕심이 강했다. 그 갈증 덕분에 그들은 성공을 거뒀다. 용병의 공격 의존도가 절대적인 삼성화재의 우승을 폄훼하는 시각도 있지만 과연 이 두 선수가 다른 팀에서 뛰었다면 어땠을까. 안젤코와 가빈이 그렇게 코트를 종횡무진 누빌 수 있으리라고 장담하기는 힘들다. 그들이 팔이 빠져라 뛰게 만드는 조직문화의 힘, 삼성화재의 그 힘을 간과해서는 안 된다.

신 감독은 실패를 통해 눈을 키웠다. 평범한 리더와 비범한 리더의 결정적인 차이는 패배를 통해서 무엇을 얻느냐에 달려 있다. 평범한 자는 패배에서 좌절을 느끼는 데 그치지만 비범한 자는 패배를 통해서 반드시 교훈을 얻는다. 시대는 변했다. '빠른 추격자fast follower'가 아니라 '선도자first mover'만이 살아남을 수 있는 시대가 왔다. 실패에서 교훈을 찾지 못하면 해당 분야에서 결코 '선도자'가 될 수 없다.

2등은 첫 번째 패배자, 승부욕을 불태워라

프로 스포츠 지도자의 첫 번째 덕목은 무엇일까? 바로 불타는 승부욕이다. 신 감독은 지는 것을 죽기보다 싫어하는 승부사다. 그렇다고 결과에만 집착하는 천박한 승리지상주의자는 결코 아니다. 결과보다는 오히려 피와 땀으로 이뤄낸 승리의 가치가 얼마나 소중한지를 누구보다 잘 아는 스포츠인이기 때문에 우승에 목을 매는지도 모른다. 삼성화재가 지금까지 치른 16번의 챔프전에서 14번을 우승한 것도 따지고 보면 정상에 오르겠다는 열망이 누구보다 간절했기 때문이다.

삼성화재의 주장 고희진은 틈 날 때마다 "우리는 이기는 법을 알고 있다"는 자랑을 늘어놓는다. 그럴 수도 있겠지만 정확하게 말하면 삼성화재는 지는 이유를 가장 잘 알고 있는 팀이다. 한 번 패하고 나면 가장 철저한 피드백이 이뤄지는 팀이 바로 삼성화재다. 패배를 부른 플레이에 대한 복기와 그에 따른 수정과 보완, 그리고 같은 실수가 되풀이되지 않도록 하는 반복 훈련이 삼성화재의 보이지 않는 힘인 것이다.

신 감독은 16번의 챔프전 진출에서 실패한 두 차례의 준우승을 어떻게 표현할까. 그는 준우승이라고 하지 않았다. 2등은 첫 번째 패배자라는 게 그의 지론이다. 누구나 산을 오를 수 있지만 아무나 정상에 서는 것은 아니다. 우승에 대한 간절한 열망과 승부욕이 그 차이를 설명해준다.

긍정의 힘으로 생각의 프레임을 바꾸다

꼴찌에서 우승까지, 삼성화재는 2010~2011시즌 프로출범 이후 가장 드라마틱한 우승을 차지했다. 그들이 들어올린 건 우승컵이 아니라 기적이었다. 정규리그 꼴찌까지 처졌다가 챔피언 결정전에 진출해 대한항공을 상대로 4연승을 거두며 차지한 우승. 신 감독조차도 "지도자 생활 28년 만에 가장 기쁘고 의미 있는 우승"이라고 흥분했다. 심장에 푸른 피가 흐른다는 삼성화재의 극적인 정상 정복기는 가슴 뭉클한 감동을 안겼다. 그들은 벼랑 끝에서도 싹을 틔우겠다는 일념으로 희망 일기를 쓴 끝에 프로통산 5번째 정상에 섰다. 남들이 모두 좌절할 때 신 감독은 생각의 프레임을 바꾸며 긍정의 묘약을 썼다.

"나는 챔피언 결정전 진출을 꿈꾼다. 그러나 꿈은 감독 혼자 꾸는 게 아니다. 함께 꿈꾸기 위해 마음을 다잡자!"

신 감독은 정규리그 2라운드를 마친 뒤 선수들과 함께 한 회식 자리에서 이렇게 말했다. 2승 9패로 꼴찌. 부진은 예상했지만 그만큼 처절할 줄은 몰랐다. 쥐구멍이라도 있으면 들어가고 싶을 정도로 부끄러웠다. 배구계의 따가운 시선에 지옥이 따로 없었다. 3년간 하지 않았던 오전 6시 30분부터 운동장을 도는 새벽훈련을 시작했다.

"프로선수들에게 새벽훈련이 큰 효과가 있었겠나? 발을 맞춰 뛰면서 흘어졌던 마음을 맞추는 게 더 중요했다."

내공 깊은 신 감독의 리더십은 선수들에게 할 수 있다는 자신감을 심어 줬다. 흩어진 마음을 하나로 맞추면서 잠자던 승부욕이 꿈틀댔다. 라운드가 거듭되면서 우승 DNA가 발동되는 것을 모두가 느꼈다. 결국 캄캄했던 절망의 끝자락에서 희망의 싹을 틔워 챔프전에 진출했고, 예상을 깨고 대한항공을 상대로 4연승하며 '스윕 우승'이라는 기적을 썼다. 생각의 프레임이 결국 세상을 바꿨다. 긍정의 힘은 무서웠다.

마음을 사로잡는 테크닉, 심리전의 대가

산전수전 다 겪은 베테랑 중의 베테랑. 신 감독이 내뱉는 말속에는 뼈가 있다. 천하를 얻기 위해선 사람들의 마음을 먼저 얻어야 한다. 적자생존의 냉엄한 정글법칙이 지배하는 승부세계를 살고 있는 감독은 선수들의 마음을 쥐락펴락할 수 있어야 명 지도자다. 신 감독은 선수들의 마음을 꿰뚫고 그들의 승부욕을 고취시키는 방법에 능한 전략가다. 치열한 승부에서 그가 구사하는 심리전을 지켜보는 재미란 쏠쏠하다 못해 감탄사가 절로 나온다.

그는 포스트시즌에서 곧잘 심리전을 펼치곤 한다. 그가 쓰는 심리전은 어쩔 수 없이 매스컴이라는 매개체를 통해 구사될 수밖에 없다. 신 감독 입에서 나오는 말의 화살이 원심력에 의해 밖으로 튕겨져 나갈 때는 상대를 교란한다. 반대로 구심력에 의해 내부를 지향할 때는 선수들을 한데 모으면서 팀 전력을 끌어올린다. 신 감독은 숱한 실전 경험을 통해 스포츠심리학을 터득했다. 그는 심리학에서 두려움fear과 구별되는 불안anxiety이라는 개념에 주목했다. 실체가 드러나는 두려움과 달리 불안은 실체를 찾을 수 없어 오히려 더 초조감을 느끼게 하고 해결방법마저 어렵게 한다는 사실을 깨달았다. 경기력을 끌어올리기 위해서는 코페르니쿠스적인 의식 전환이 필요했다. 불안을 회피하기보다 실체가 분명한 두려움으로 전환시키는 게 오히려 문제해결에 큰 도움을 줄 수 있다고 믿었다. 그래서 과학적인 전력 분석에 온 힘을 기울였다. 2010~2011시즌 우승도 이러한 믿음이 크게 빛을 발했다. 당시 정규시즌에서 대한항공에 1승 4패로 절대 열세에 몰려 있던 삼성화재는 챔프전에선 반대로 4연승으로 '시리즈 스윕'의 우승 기적을 썼다. 막연한 불안감을 철저한 전력분석을 통해 실체가 있는 두려움으로 전환시켜 우승이라는 열매를 딸 수 있었다.

공교롭게도 당시 신 감독은 고도의 심리전을 펼쳤다. 준플레이오프 1차전에서 LIG손해보험을 3-1로 꺾은 뒤에도 "LIG손해보험만 이기면 챔피언 결정전까지 진출할 수 있다"고 말했다. 지나쳐 버릴 수 있는 일상적인 코멘트일 수도 있겠지만 찬찬히 들여다보면 고도의 노림수가 숨어 있었다. 이는 플레이오프에서 상대를 기다리고 있는 현대캐피탈의 기를 꺾으려는 의도였다. 정규리그 2위를 차지한 현대캐피탈은 준플레이오프 결과에 민감할 수밖에 없었다. LIG손해보험이 올라오면 먹이사슬에서 천적인 까닭에 신바람을 내겠고, 반대로 삼성화재가 올라오면 움츠러들 수밖에 없었다. 현대캐피탈은 시즌 맞대결 성적에서 LIG손해보험에 5전 전승을 달리고 있었고, 삼성화재에는 1승4패로 절대적 열세에 몰려 있었다. 현대캐피탈의 삼성화재 콤플렉스를 모를 리 없는 신 감독은 상대의 약한 고리를 능청스럽게 물고 늘어진 것이다. 결국 삼성화재는 플레이오프에 올라 현대캐피탈을 3연승으로 완파하고 챔프전에 진출, 대한항공마저 4연승으로 무참히 짓밟으며 우승컵을 들어올렸다.

신 감독의 포스트시즌 심리전은 어제 오늘의 얘기가 아니다. 준우승에 그쳤지만 2005~2006시즌 현대캐피탈과 벌인 챔피언결정전에서도 상당한 효과를 봤다. 1·2차전을 내리 패하고 벼랑 끝에 내몰린 뒤 뜬금없이 세대 교체론을 들고 나와 인터뷰장 분위기를 머쓱하게 했다. 당시 신 감독은 김세진과 신진식을 거론하며 "본인들이 더 하고 싶다면 어쩔 수 없겠지만 내년에는 젊은 선수로 팀을 꾸려야 하지 않겠느냐"는 충격 선언을 했다. 이는 노장들의 자존심을 자극하려는 노림수였고, 그 고도의 심리전 덕분인지 삼성화재는 3·4차전을 내리 따내며 승부를 최종 5차전까지 몰고 가는 뒷심을 발휘했다. 비록 우승컵을 들어 올리지는 못했지만 신 감독이 펼친 심리전의 효과는 정말 대단했다.

심리전이 목표 달성을 위한 편법과 잔꾀라고 폄훼될 수도 있다. 그러나 적어도 신 감독의 배구철학을 놓고 봤을 때는 치졸한 용인술로 치부하기는 어렵다. 그는 가장 중요한 덕목으로 사람의 마음을 꼽고 있기 때문이다. 스포츠에서 심리전은 마음의 힘을 극대화하는 노력이다. 마음을 사로잡는 기술, 신 감독은 알라딘의 요술램프 같은 신비한 힘을 갖고 있다. 그 힘은 타고난 것이라기보다는 풍부한 현장경험과 뼈를 깎는 노력으로 만든 후천적인 능력이라는 게 맞다.

진정성, 기본기 그리고 열성적인 신봉자

시간은 흐르는 게 아니라 축적되는 것이다. 쌓이지 않고 흘러가버리면 실력이 되지 않는다. 그래서 신 감독은 생각 없이 슬렁슬렁 시간만 때우는 훈련을 하지 말라고 선수들을 다그치곤 한다. 삶의 진정성은 그가 가장 중요하게 여기는 덕목 중 하나다. 가슴 찡한 감동으로 장식한 신 감독의 숱한 어록 중에 가장 큰 울림으로 다가온 게 있다. 바로 "가슴으로 배구하자!"

는 경구. 이 말은 삼성화재 배구가 왜 위대한지를 웅변해주고도 남는다.

신 감독은 기본기를 강조한다. 다른 감독도 마찬가지겠지만 신 감독이 강조하는 기본기에는 다른 점이 있다. 바로 경기력을 구성하는 기본기는 물론 삶의 기본기를 더욱 중요하게 여긴다. 삶의 기본기란 바로 자신에 대한 겸손과 팀과 타인에 대한 배려와 헌신이다. 배구는 단독 드리블이 없는 구기종목이다. 다른 선수와의 협업이 가장 중요한 종목인 만큼 삶의 기본기가 형성돼 있지 않으면 결코 단단한 팀워크를 형성할 수 없다. 경기력을 구성하는 물리적 총합을 떠나 각 부문들의 화학적 결합을 통한 플러스알파의 에너지를 생산하기 위해선 팀에 대한 헌신과 배려가 필수적이다. 경기력이 아니라 가치로 단단하게 뭉쳐진 팀은 외부적 충격에도 쉽게 흔들리지 않는다.

그런 팀에는 추구하는 가치를 향한 열성적인 신봉자true believer가 잇따라 생겨나기 마련이다. 전 선수들을 모두 관리하고 통제하기는 힘들다. 현대사회의 조직 관리나 마케팅에서 '열성적인 신봉자' 개념은 그래서 상당한 의미를 지닌다. 복잡다단한 관계망에 편입된 사람들을 상대로 원하는 행동을 이끌어내기 위해선 자신의 의도를 적극 지지하고 따르는 '열성적인 신봉자'를 확보하는 게 필요하다. 그렇게 되면 한결 손쉬운 조직관리가 가능하다. 신 감독의 지도방침을 적극 따르는 '열성적인 신봉자'들은 삼성화재의 찬란한 역사에 큰 힘을 보탰다. 그들이 없었다면 톱니바퀴처럼 맞물려 돌아가는 삼성화재 특유의 조직문화는 꿈도 꿀 수 없었을 것이다.

조직과 사람, 쌍방향 소통의 마술사

신 감독은 사람이 조직을 바꾸고 그게 시스템화 되면 조직이 원하는 방향으로 사람을 변모시킬 수 있다고 믿었다. 오랜 시간이 걸려 단단한 뿌리를 내리며 구축된 삼성화재의 끈끈한 조직문화는 이제 시스템으로 자리 잡았다. 신 감독은 물리적으로 떨어져 있는 조직과 사람을 보이지 않는 끈으로 이어준 쌍방향 소통의 마술사다.

삼성화재가 계속된 우승으로 신인 드래프트에서 우수 자원을 영입하지 못하는 취약한 구조 속에서도 예상을 깬 기적의 결과물을 양산하는 이유는 조직과 사람의 원활한 쌍방향 소통 때문이다. 사람들이 오랜 시간 동안 피땀 흘려 만들어 놓은 훌륭한 조직이 이제는 반대로 훌륭한 사람들을 생산해내도록 기능하고 있는 것이다. 용병 선수들의 경기결정력과 비중이 점점 커지고 있는 상황에서 다른 팀들은 경쟁적으로 많은 돈을 앞세워 명성에 치중한 용병을 뽑고 있지만 삼성화재는 그렇지 않다. 오히려 현재의 기량보다 잠재력에 포커스를 맞춘다. 삼성화재라는 시스템에서 꽃을 피울 수 있는 잠재력 넘친 선수를 영입하면서 엄청난 시너지 효과를 불러일으키고 있다. 안젤코, 가빈에 이어 2012~2013시즌 새롭게 뽑은 쿠바 출신 레오 역시 그런 용병이다. 아무도 거들떠보지 않았던 철저한 무명선수가 삼성화재라는 시스템 안에 들어오면서 괴력을 뿜어내 신 감독의 예리한 통찰력은 다시 한 번 화제가 됐다.

조직과 사람을 유기적으로 통합하는 쌍방향 소통의 마술사, 그는 또 얼마나 많은 우승컵을 들어올릴 수 있을까. 가장 위대한 일생은 노년기에 실현된 젊은 날의 꿈이라고 했다. '조직관리의 구루'로 불리는 신 감독이라면 위대한 일생을 충분히 꿈꿀 수 있는 그런 사람이다. 그를 지켜보노라면 '영광은, 항상 영광을 꿈꾸는 사람들에게만 자신을 내어준다'는 명언이 떠오른다.

초능력이라고밖에
그를 말할 수 없다

나는 1998년까지 스포츠 기자로 활동하면서 링과 코트 주변에서 청춘을 보냈다. 내가 처음 배구 취재를 시작했던 1980년대 초반 신치용은 한국전력(한전) 소속 선수였다. 공기업의 특성상 한전은 1류 팀은 아니었고, 신치용 역시 동년배인 김호철 등 특급 스타들보다는 한 수 아래로 평가받았다.

하지만 얼마 후 플레잉코치를 맡으면서부터 그의 자질이 드러나기 시작했다. 스포츠 지도자의 3대 덕목은 내부 단결 조성, 훈련을 통한 전력 강화, 그리고 작전능력이다. 고 양인택 감독이 코치 신치용에게 전권을 맡겼던 것은 셋 모두를 완벽히 소화해냈기 때문이었다. 한전은 우승권 팀들에게 항상 까다로운 팀이었다.

1995년 삼성화재 배구단 창단은 한국 배구역사에 한 획을 긋는 사건이었다. 박성인 삼성스포츠단 부사장(현 고문), 이근량 삼성화재 상무, 조동우 삼성스포츠단 차장 등이 창단 산파역이었다. 삼성은 전격적으로 신치용을 초대 감독으로 영입했다. 삼성의 사람 보는 눈은 역시 범상치 않았다.

배구 기자를 떠난 뒤부터는 팬의 눈으로 삼성화재와 신치용 감독을 지켜봐 왔다. 과거 내가 미처 못 보았던 그의 초능력을 보며 탄복한 게 한 두 번이 아니다. 각 종목 스포츠 명장들이 거명되지만 신치용을 능가하는 지도자는 없다고 단언한다. 따로 설명이 필요할까.

삼성이 초창기에 좋은 성적을 내자 김세진 신진식 김상우 등 호화멤버 덕이라고들 했다. 하지만 그들이 은퇴한지 한참이 지난 지금도 '삼성천하'는 계속 되고 있다. 배구는 선수 저변이 엷어 매년 배출되는 자원이 적다. 그나마 전년도 성적 역순으로 지명권을 행사하게 돼 있어

삼성의 신규 수혈은 매년 최악이다. 따라서 30대 중반의 멤버들을 중심으로 매년 우승한다는 건 불가사의에 가깝다. 당연히 용병의 비중이 클 수밖에 없다. 그런데 삼성을 거친 역대 용병들 대부분은 입단 후 스타가 됐다. 가빈은 경쟁 팀들이 버린 선수였던 걸로 알고 있다. 그런 그가 최고의 용병으로 거듭난 것은 삼성의 살인적 훈련량이 있었기 때문이다. 신 감독이 '비인간적'인 훈련 속에서 그런 '인간적'인 분위기를 이끌어내는 것이 못내 신기했다.

TV중계는 지도자를 발가벗긴다. 위기상황에서 타임을 불렀을 때 지도자의 실체가 드러난다는 뜻이다. 신치용의 작전지시는 잡언, 췌사(贅辭) 없이 정곡을 찌른다. 가라앉은 목소리로 냉정하게 전달하는 과정은 이지(理智)의 전형이다. 다른 어떤 종목 감독에게서도 이런 모습을 보지 못했다.

삼성그룹이 운영하는 스포츠 종목별 우승 빈도에서 배구가 월등한 것은 우연한 일이 아니다. 신치용은 원래 최고의 평생직장이라며 한전에 말뚝을 박으려 했던 사람이다. 삼성은 그의 인생항로를, 그는 삼성스포츠사와 한국 배구역사를 바꿔놓았다.

— **이홍렬**(조선일보 바둑전문기자 · 전 스포츠레저부장)

Contend for Victory

세계가 놀란 신기술의
뿌리는 기본기

기본기에 투자하라

올림픽 첫 체조 금메달리스트 양학선을 조련한, 조성동

승부처

2012년 8월 6일 런던 오투 아레나.

양학선은 마른침을 꿀꺽 삼켰다. 한국 체조의 운명이 양학선이 쓰는 4초의 드라마에 달려 있었

다. 1차시기는 난도 7.4의 세계 최고난도 기술 '양1'. 양학선은 착지하면서 두 발을 움직였지만

성공적이었다. 양학선의 표정도 밝았다. 그리고 이어진 2차 시기, 양학선은 스카하라 트리플을

시도했다. 영원할 것만 같았던 공중비행을 마치고, 양학선의 두 발은 그대로 매트에 꽂혔다.

관중들을 열광시킨 그야말로 완벽한 연기, 점수가 나오기도 전에 경기를 지켜보던 모든 사람들이 양학선의 금메달을 확신할 정도였다. 그 순간 조성동 감독은 매트 위로 달려가 양학선을 힘차게 껴안았다. 양학선 본인보다 조성동 감독의 표정이 더 감격적이었다. 이 날 1960년 로마 올림픽에서 첫 도전을 시작한 지 꼭 52년 만에 한국 체조의 새로운 역사가 쓰였다.

조성동 감독 약력

● 생년월일 : 1947년 12월 19일

● 출생지 서울

● 신장 168cm

● 체중 73kg

● 출신교 성남고–경희대–경희대학원

● 1974년~1985년 전국소년체육대회 단체전 7연패(경서중학교)

● 1979년 국가대표 기계체조 코치

● 1982년 뉴델리 아시안게임 도마 3위 지도

● 1982년 YMCA선정 우수지도자

● 1982년 체육훈장 대통령 표창

● 1990년 북경아시안게임 평행봉 1위(이주형)

● 1991년 기계체조선수권대회 도마 1위(유옥렬) ** 체조 사상 첫 세계선수권 금메달

● 1992년 세계선수권대회 도마 1위(유옥렬)

● 1992년 바르셀로나올림픽 도마 3위(유옥렬)

● 1994년 히로시마아시안게임 도마 1위(여홍철) 안마 1위(이장형)

● 2002년 부산아시안게임 마루 1위(김승일) 링 1위(김동화) 철봉 1위(양태석)

● 2003년 체육발전유공자 청룡장

● 2011년 도쿄세계선수권대회 도마 1위(양학선)

● 2012년 런던올림픽 도마 1위(양학선) ** 체조 사상 첫 올림픽 금메달

● 2012년 대한체육회 체육상 지도부문 우수상

● 런던올림픽 체조에서 일군 감동의 드라마는 조성
동 감독의 체조인생 33년의 노하우가 집대성된 것이다. '사건'이라 명명해
도 좋을 양학선의 금메달은 신기술 개발과 김 감독의 순간적인 재치의 합
작품이다. 그날의 상황을 재구성해 보자.

결전 6시간 전, 조성동 감독은 결승에 오른 경쟁자 7명의 선수들의 면면
을 분석한 자료를 보고 있었다. 경쟁자들의 기본난도 점수와 그동안 국제
대회에서 거둔 성적을 볼 때, 한국 체조 사상 첫 금메달 가능성은 어느 때
보다 높았다. 조 감독은 눈을 감고 생각에 잠겼다. 양학선의 순서는 가장
마지막. 어떻게 보면 부담이 될 수 있지만 반면에 다른 선수들의 점수를
보고 들어갈 수 있다는 장점도 있었다. 컨디션이 올라오지 않은 예선에서
는 신기술을 쓸 필요가 없었지만, 다른 선수들의 점수가 높게 나온다면 그
에 따라서 신기술을 시도해야 하는 상황이었다. 조 감독은 신기술 '양1'
을 어떤 상황에서 쓸 것인지 고민에 빠졌다. 그리고 분석한 자료를 토대로
16.2점을 커트라인으로 잡았다. 다른 선수들이 16.2점이 넘지 않는다면
굳이 '양1' 기술을 쓰지 않아도 금메달이 충분히 가능할 것 같았다.

조 감독은 컨디션 조절을 위해 느지막하게 일어난 양학선과 마주 앉았다.

"학선아, 너의 생각은 어떠니?"

양학선의 대답은 간단했다.

"감독님의 경험이 많으시니까, 감독님의 선택에 따르겠습니다."

결전 20분전, 조 감독의 목에는 트레이너의 ID^{경기장 출입이 허용되는 일종의 신분}가 걸려 있었다. 본래 경기장에는 선수 본인 외에 코치와 트레이너만 들어갈 수 있다. 그러나 조 감독은 양학선에게 심리적인 안정을 주기 위해 일종의 변칙 작전을 사용했다. 감독은 경기장 안으로 입장할 수 없는 규정을 어긴 것이다.

가장 마지막 순서인 양학선은 다른 선수들의 경기를 보지 않고 바로 옆 연습장으로 코치와 함께 이동했다. 몸을 풀기 위해서였다. 그러는 동안 조 감독은 매의 눈으로 다른 선수들의 연기를 지켜봤다. 저 선수는 한 발 움직였으니 감점 몇 점, 저 선수는 두 발 움직였으니 감점 몇 점……. 일일이 선수들의 점수를 체크했다. 올림픽이라는 큰 무대. 다른 선수들 역시도 오랜 시간 꿈꾸고 준비한 무대였기 때문에 유독 실수가 적었다. 가장 강력한 경쟁자인 러시아의 야블라진의 점수가 16.399점을 넘었다. 조 감독은 메모하던 것을 옆으로 치우고 코치에게 전화를 걸었다.

"양1 준비해."

급기야 결전의 시간. 양학선이 아름다운 비행을 향해 달려가는 짧은 순간 동안, 조 감독의 머리에는 만 가지 생각이 교차했다. 자신의 손으로 한국 체조의 첫 금메달을 일궈냈다는 기쁨도 잠시. 1996년 애틀란타올림픽에서 신기술을 가지고도 금메달을 놓쳤던 여홍철의 일이 퍼뜩 떠올랐다.

선수가 경기를 마쳤을 때 오버액션을 해야 심판들에게 점수를 더 받을 수 있다는 인식이 찰나의 순간에도 머릿속을 스쳐지나갔다. 조 감독은 양학선이 매트에 착지를 하는 것과 동시에 용수철처럼 튀어나가 그를 끌어안고 아이처럼 좋아했다. 작전이었다.

1996년 애틀란타올림픽 당시 여홍철은 지금의 양학선보다 오히려 금메달 가능성이 더 높았다. '여1', '여2' 라는 두 개의 신기술을 가지고 있었기 때문이다. 당시 조 감독은 런던올림픽 때와는 달리 규정대로 관중석에서 여홍철을 지켜보고 있었다. 그러나 1차시기까지 1위를 달리고 있던 여홍철은 2차시기 착지에서 실패한 뒤 얼굴을 푹 숙이고, 의자에 앉아 눈물을 흘렸다. 조감독은 만약 이때 여홍철이 주먹을 불끈 쥐고 환호했다면 상황이 달라졌을 지도 모른다고 회상한다.

"당시는 기술의 기본점 자체가 워낙 높았다. 만약 여홍철이 고개를 숙인 채 우는 대신 환호를 하거나 확신에 찬 세리머니를 했었다면 결과는 달랐을 지도 모른다. 심판들이 여홍철의 기분에 동화되어 더 높은 점수를 주었을 지도 모를 일이다. 하지만 여홍철은 스스로 실패를 자인하는 표정을 지음으로서 마지막 기회를 살리지 못했다."

조 감독은 바로 그때의 쓰라린 기억들을 되풀이하지 않기 위해 2012년 런던에서는 트레이너의 ID를 차고 벤치에 앉았다가 양학선의 연기가 끝나자마자 매트 위로 달려 올라간 것이었다.

숙소 무단침입까지 감행한 배움에 대한 욕구

조 감독은 1979년 태릉선수촌에서 처음으로 지도자 생활을 시작했다. 당시 한국 체조는 그야말로 밑바닥 수준이었다. 그 해 모스크바올림픽 출전

티켓이 걸린 세계대회에 나갔었는데 꼴찌에서 4번째를 차지했다. 당시 안마종목에서 10점 만점에 6.4점밖에 받지 못했을 정도였으니 한국 체조 실력은 형편없었다. 과거에는 체조가 규정종목과 자유종목으로 나뉘어 있었는데, 성적이 워낙 저조해 자유종목에는 출전조차 하지 못했다. 요즘 유행하는 말로 '쪽 팔려서' 국제대회에 나가지 못할 정도였다고 한다.

전지훈련을 간 일본에서도 찬밥신세를 당한 건 마찬가지. 일본은 체육관도 빌려주지 않으려고 했고, 간신히 대여한 체육관도 점심시간 단 2시간 동안만 사용해도 좋다는 허락을 받았다. 당시 조 감독은 국력도 국력이지만 한국 체조의 수준 때문에 더 무시당한다는 생각에 이를 악물었다.

한국 체조의 수준을 높이기 위해 대한체조협회는 1983년 체조 선진국인 러시아에서 유진 갈파린 코치를 초청했다. 유진의 지도 방식은 기존 한국 지도자들의 방식과는 확연히 달랐다. 단, 10%도 일치하지 않았다. 조 감독이 유진 모르게 한국적인 지도 방식을 가져가려고 하면, 선수들 앞에서도 조 감독에게 "GO HOME집에 가라"이라는 발언을 서슴지 않고 할 정도였다. 조 감독은 선수들 앞에서 망신을 당하면서 오히려 굳게 결심했다.

'내가 너의 모든 것을 빼먹어서 한국 체조를 발전시키리라.'

조 감독은 유진의 지도방식을 배우기 위해서 그야말로 눈에 불을 켜고 달려들었다. 유진은 한국의 사우나를 좋아해서 한 번 가면 한 시간 이상 머물고는 했다. 조 감독은 이 틈을 이용했다. 당시 숙소를 지키던 경비에게 담배 한 보루를 사다주고 몰래 유진의 방을 찾았다. 그의 방에서 러시아어로 된 체조 관련 서적들을 뽑아와 복사했다. 조 감독은 러시아어로 써진 책의 본래 자리가 어딘지 모를 경우에 대비해 미리 제목을 그림처럼 그려두는 치밀함까지 보였다. 그리고는 소중하게 구한 자료들을 파고들었다. 유진이 가져온 책에는 각 체조기구의 탄생배경부터 기본 원리까지, 체조에 대한 모든 것이 나와 있었다. 조 감독은 그 책의 내용을 하나도 빠짐없이 머릿속에 채워 넣었다. 그야말로 체조에 미쳐 있던 시절이었다.

1년 반 뒤 유진은 고국으로 돌아가면서 조 감독에게 자신은 조 감독이 자신의 책을 가져다 복사해서 공부한 사실을 다 알고 있었음에도 눈감아 줬다고 털어났다. 유진은 조 감독의 열정이 좋아보여서, 한국 체조를 이끌어갈 적임자라고 생각해서 일부러 더 혹독하게 대했던 것이라고도 말했다. 조 감독은 '한국 체조에는 조성동 같은 사람이 있어야 한다'는 유진의 말에 큰 힘을 얻었다.

기 본 이   먼 저 ,   기 술 은   그   다 음

'배움에는 왕도가 없다.' 그리스의 유명한 수학자 유클리드의 말이다. 편안하게, 쉽게 배우는 것은 그만큼 빨리 무너질 수 있다는 것이다. 조 감독은 그래서 기본기의 중요성과 반복 훈련의 중요성을 강조한다. 특히 체조 같은 기초종목에서는, 한 번의 실수가 성적을 좌우하기 때문에 기본기만큼 중요한 것이 없다.

국가대표로 발탁된 기존의 나이 많은 선수들에게 장시간 동안 지루한 기본기를 가르치기는 어렵다. 머리가 굵어진 선수들은 이미 자신들의 습관을 가지고 있기 때문이다. 조 감독은 한국 체조의 미래를 위해서 가능성이 있는 어린 선수들을 발굴하기 시작했다. 이때 조 감독의 눈에 띈 선수들이 우리나라 체조의 황금세대인 유옥렬과 여홍철 이주형 한윤수 등의 선수들이다.

이들은 하나 같이 기본기에 대한 조 감독의 사랑에 너무도 힘들었다고
토로한다. 기본만 하다보면 당연히 지루하게 느낄 수밖에 없었겠지만, 그
렇다고 호랑이 같은 감독님 앞에서 누구도 그런 불평을 쏟아낼 수는 없었
다. 묵묵히 참아내는 수밖에 다른 도리가 없었던 것이다. 유옥렬 현 경희
대 코치는 "3년 동안 기본기를 한 기억밖
에 없다"고 말할 정도다. 기본기가 제대로
되지 않는다면 그 어떤 기술을 해도 무의
미하다는 것, 일단 기본을 연마한 뒤 그
위에 기술을 채색하는 것이 더 중요하다
는 철칙! 그는 조 감독의 그 말을 귀에 못

이 박히도록 들었다고 했다. 유옥렬 코치는 조 감독의 그런 철학이 오늘날
한국 체조를 발전시킨 밑거름이라고 말한다.

실제로 1991년 세계선수권대회에서 조 감독은 이 선수들을 데리고 한
국 체조의 첫 번째 역사를 썼다. 그동안 하위권에 머물던 단체팀이 6위를
차지하면서 사상 처음 자력으로 올림픽 티켓을 따낸 것이다. 그리고 도마
에 출전한 유옥렬 코치는 금메달을 거머쥐었다. 세계선수권대회 금메달,
이전까지 한국 체조가 감히 상상조차 할 수 없었던 쾌거였다.

양학선도 조 감독의 기본기 철칙으로 힘든 시기를 극복했다. 런던올림
픽을 앞둔 어느 날. 신기술 '양1'의 성공률이 80%에 육박하면서, 양학선
의 기분도 덩달아 올라가 있었다. 그러나 조 감독의 생각은 달랐다. 양학
선이 최소한의 힘만 투입해서 기술을 하는 일종의 요령을 피우고 있다고
생각했다. 조 감독은 코치를 불렀다. 양학선에게 기술을 시키지 말고 3주

동안 기본기만 연습시키라고 지시한 것이다. 체조는 웅장해야 하는데 당시의 양학선에게는 그런 모습을 찾아볼 수 없었다. 매의 눈을 가진 심판들에게 좋은 점수를 받을 수 없는 상황이었던 것이다.

양학선은 '잘 되고 있는데 감독님이 왜 저러실까?' 라는 원망을 했다. 그래서 가끔은 충혈된 눈으로 시위하듯 조 감독 앞을 지나가기도 했다. 그러나 조 감독은 흔들리지 않았고, 양학선은 그 시기 이후 '체조의 멋'을 보여주는 웅장한 '양1' 기술을 온전히 자기 것으로 만들 수 있었다.

런던올림픽 직전 양학선이 위기를 극복할 수 있었던 것도 기본기를 중요시하는 훈련 때문에 가능했다. 런던 현지에 도착 후, 올림픽에 처음 출전하는 양학선은 긴장에 부상까지 겹쳐 구름판을 제대로 짚지도 못했다. 올림픽에 첫 출전하는 선수가 넘기에는 그 벽이 크다는 생각도 들었다. 그러나 이 순간 양학선은 스승의 가르침을 머리에 새겼다. 기술보다 기본에 충실하면서 손을 짚는 연습만 반복해서 했다. 수만 번을 구르고 뛰었던 동작들. 기본을 반복하다보니 어느 순간 기술이 다시 되더라는 것이다.

현대는 정보전, 시대를 앞서가라

한국 체조의 수준을 끌어올리기 위해 조 감독이 집중한 또 다른 부분은 바로 외국어다. 1980년대 초반에는 인터넷도 없었고, 한국에서 체조 전문 서적을 구하기도 어려웠다. 외국에 나가 체조 선진국 코치들과 심판들을 만나야만 정보를 습득할 수 있었다. 답답함을 느낀 조 감독은 영어를 배우기로 마음먹었다. 당시 대한극장 뒤 학원에서 일 년 반 동안이나 영어를 배웠다. 영어학원 수강료는 봉급의 3분의 1에 육박했고, 시간을 내기도 힘들었지만 조 감독은 포기하지 않았다.

이렇게 배운 영어를 바탕으로 조 감독은 각종 국제대회에서 정보를 수집하기 시작했다. 대회에 출전하지 않아도 매년 재팬컵 등에 가서 외국 선수들의 기량을 정찰했다. 그 과정에서 만난 일본의 가토 사와오와 루마니아의 애드리안 스토이카는 지금도 조 감독의 든든한 아군이다. 이들이 국제 체조계에서 행사할 수 있는 영향력은 어마어마하다. 기술 난도에 막강한 영향력을 행사할 수 있는 국제체조연맹 기술위원이기 때문이다. 양학선의 신기술 '양1'의 기본점이 예상보다 높은 7.4점으로 인정받은 것도 어쩌면 이런 인연의 덕인지도 모른다.

조 감독은 새로운 것을 도입하는 데 주저하지 않았다. 양학선 금메달의 숨겨진 힘으로 지목되는 스포츠 과학도 조 감독의 적극적인 지지에 힘입어 더욱 탄력을 받았다. 양학선은 런던올림픽 금메달을 따낸 직후에 열린 기자회견에서 "스포츠 과학의 힘 때문에 자신이 금메달을 딸 수 있었다"고 말했다. 그는 "도마를 짚을 때의 몸의 각도와 시간 등을 정확하게 분석해서 최적의 조합을 찾았다"고 했다. 다른 종목에서도 체육과학연구원 박사들이 국가대표 훈련을 지켜보고 조언을 하는데, 일부 지도자는 철저하게 배타적인 경우도 심심치 않게 찾아볼 수 있다. 자신들만의 지도방식에 도움이 되지 않는다는 이유에서다. 그러나 65살의 할아버지 조 감독은 그렇지 않았다. 오히려 양태영 코치를 시켜서 매 순간 비디오를 촬영하고 그것을 함께 보면서 교정하는 시간을 갖기도 했다. 양학선의 분석을 담당한 체육과학연구원의 송주호 박사는 "조성동 감독의 도움 아래, 태릉선수촌을 수시로 드나들면서 양학선 연구를 담당할 수 있었던 것에 감사한다"라고 했다.

런던올림픽을 한 달 앞두고 긴장감이 높아진 시기, 조 감독을 비롯한 체조대표팀은 강원도로 1박 2일 결의대회를 떠났다. 그곳에서 클레이 사격도 했다. 클레이 사격을 하는 체조 국가대표팀의 모습이라니! 신선했다. 처음에는 단순히 긴장을 풀기 위한 이색 체험에 불과하다고 생각했지만, 고도의 집중력과 대담성이 필요하다는 점에서 클레이 사격은 체조와 닮아 있었다. 클레이 사격을 통해 한 차원 높은 정신 훈련을 시킨 셈이다. 시대에 따라 진화하는 카멜레온 같은 지도력으로 조 감독은 선수들을 장악했다.

'무조건'보다는 '효율적'으로 생각하라

조 감독은 체조의 영역을 넘어 다른 종목에서도 많은 영감을 받았다. 1988년 서울올림픽을 앞두고 한국에 들어온 외국인 코치들도 조 감독에게는 좋은 선생님이었다.

조 감독은 그 중 복싱 외국인 코치와 친해질 기회가 많았는데, 외국 복싱 코치는 한국의 지도 시스템에 많은 불만을 가지고 있었다. 한국 지도자들이 아침마다 선수들에게 운동장을 50바퀴씩 뛰라고 한다는 이유에서다. 아마추어 복싱은 3분 3회전 경기로 지구력보다는 순발력, 빠른 시간 내 최상의 힘을 끌어올리는 것이 중요한데, 50바퀴를 뛰게 만들면 몸속에 힘을 분산해서 쓰게 만드는 노하우가 축적된다는 것이다. 이미 경기에서 지고 나온 선수가 라커룸에서 코치에게 "감독님, 저 이제 몸 다 풀렸어요. 지금 들어가면 이길 수 있을 것 같은데!"라는 얘기를 한다며 분통을 터트리기도 했다. 조 감독은 처음에는 박장대소를 했지만, 곱씹으면 곱씹을수록 그의 말에는 큰 울림이 있었다. 그 외국인 복싱 코치는 기존 코치들과 접점을 찾지 못한 채 고국으로 돌아갔지만, 오히려 다른 종목에 있던 조 감독이 운동의 효율성에 대해 다시 생각하는 계기를 만들어 줬다.

그래서 조 감독은 다른 종목보다 빠르게 도마에 집중했다. 남자 체조는 단체전을 빼면, 도마를 포함해 마루, 링, 안마, 평행봉, 철봉 등 6개 개별종목과 함께 개인종합까지 모두 7개의 금메달이 걸려 있다. 그러나 모든 종목을 잘 할 수는 없는 법. 우리 선수들의 특성에 맞는 종목을 육성하는 것이 중요했다. 상대적으로 체격이 작은 우리 선수들의 입장에서는 도마가 가장 적합한 종목이었다. 또 오랜 시간 동안 여러 가지 기술을 선보여야 하는 다른 종목들과 달리 도마는 도약부터 착지까지 4초 안에 단일기술 하나로 승부를 내기 때문에 심판 판정이 개입할 요소도 적다. 국제 체조계에 막강한 영향력을 행사하고 있는 외국과 경쟁을 피하려면 도마만큼 유리한 종목이 없었던 것이다. 유옥렬과 여홍철 그리고 양학선까지, 도마에 뛰어난 선수들이 나온 것도 어떻게 보면 조 감독의 집중전략이 맞아떨어진 셈이다.

과 감 한 결 단 , 모 험 이 새 역 사 를 쓴 다

1996년 애틀랜타올림픽에서 금메달 1순위로 손꼽혔던 여홍철, 그가 아쉽게도 금메달에 실패한 뒤 숙소로 돌아온 조 감독은 소주 40팩을 마셨다. 그만큼 결과는 쓰디썼다. 그의 지도자 인생도 그렇게 끝나는 것 같았다. 하지만 그에게 다시 기회가 주어졌다.

2008년 베이징올림픽 기간 서울체고에서 후배들을 양성하던 조 감독은 2012년 런던올림픽을 위해 다시 사령탑으로 와 달라는 체조협회의 제안을 받았다. 이번에도 실패하면 그동안 쌓아온 자신의 명성까지 한 번에 날아갈 수 있는 상황. 실패하면 어떻게 하나, 라는 고민 속에 거절할 수도 있었지만 조 감독에겐 단 1초의 망설임도 없었다.

그리고 맞이한 2009년 세계선수권대회, 조 감독이 다시 사령탑에 오른 뒤 처음 맞는 큰 국제대회였다. 하지만 조 감독은 이 대회 입상을 과감히 포기했다. 물론, 기존 선수들을 데리고 단기간 집중훈련을 하면 좋은 성적을 낼 수도 있을 것이다. 그러나 목표는 런던올림픽 금메달이다. 당장의 이익을 위해 기존 선수들에 의존하면 금메달에 대한 도전은 멀어질 수 있다. 만약 기존 선수들을 데리고 좋은 성적을 내면 주변에서 세대교체에 대한 필요성을 인식하지 못할 것이고, 이름이 알려지지 않은 어린 유망주들을 국가대표로 발탁하는 데 반대할 수도 있기 때문이다. 조 감독은 더 큰 올림픽이라는 무대를 위해, 눈앞의 이익은 포기해야 한다고 생각했다.

모험을 해야 더 큰 과실을 얻을 수 있는 법. 만약 조 감독이 자신의 명예를 지키기 위해 체조협회의 제안을 뿌리쳤다면, 그리고 기존 선수들을 데리고 2009년 세계선수권대회에 전력투구를 했다면, 한국 체조 사상 첫 금메달을 만든 지도자라는 타이틀은 얻지 못했을 것이다.

진정성 있는 카리스마를 가져라

카리스마는 그냥 얻어지는 것이 아니다. 무조건 말을 안 한다고 되는 것도 아니고, 매일 선수들에게 지옥훈련을 강요한다고 되는 것도 아니다. 훈련의 필요성을 스스로 인식하게 만드는 것이 중요하다. 조 감독의 화법을 보면, 왜 그가 체조에서 불멸의 지도자로 불리는 지 알 수 있다.

조 감독은 선수들에게 말을 많이 하는 스타일은 아니지만, 한 마디 한 마디에는 힘이 실려 있다. 대표팀 선수들과 저녁을 먹는 자리에서의 일이다. 메뉴는 쏘가리 매운탕이었다. 조 감독은 모두 발언에서 이 같이 말했다.

"여러분, 쏘가리가 어떤 어종인줄 아는가? 쏘가리는 외래 어종을 퇴치하기 위해서 일부러 방사하는 토종 육식어종의 최고봉이다. 여러분이 올림픽에서 이 쏘가리처럼 외국 선수들을 물리치는 장면을 상상해 보라."

가벼운 식사 자리에서도 선수들의 투쟁심을 불러일으키려는 그의 마음이 느껴지는 대목이다. 조 감독은 런던올림픽 금메달 1순위로 자칫 자만에 빠질 수 있는 양학선을 독려하면서 이 말을 남겼다.

"금메달이라고 다 같은 금메달이 아니다. 감동을 주는 금메달리스트가 돼야 한다."

마치 조 감독의 말이 주문이 된 것처럼 양학선은 전 국민에게 감동을 주는 비행을 통해 한국 체조의 숙원을 풀었다. 33년 조 감독의 체조 인생의 한이 풀리는 순간이었다.

조 감독은 태릉선수촌에서 지도자 생활을 하기 전, 이른바 명동 일대를 주름잡을 정도로 사람들과 어울리는 것을 좋아했다. 그러나 지도자 생활을 시작한 뒤 그의 생활패턴은 180도 변했다. 일주일에 단 한 번만 집에 갈 수 있는 틀에 박힌 생활이었지만 체조에 살고 체조에 죽는다는 마음으로 선수들의 훈련에만 몰입했다.

그러나 그는 경기가 끝나면 누구보다 따뜻한 지도자였다. 1996년 애틀란타올림픽에서 안타깝게 금메달 획득에 실패한 여홍철을 데리고 미국 올랜도 디즈니랜드로 향했던 일, 훈련에 힘들어하는 선수들과 스키여행을 떠났던 일들을 선수들은 잊지 않고 있다.

나이가 들면서 조 감독의 별명은 호랑이 선생님에서 할아버지 선생님으로 바뀌었지만, 체조에 대한 그 열정만큼은 시들지 않고 있다. 대상포진으로 고생하면서도 런던올림픽이 끝날 때까지 제대로 된 치료도 받지 않고 훈련에 매진한 조 감독의 노력을 체조인들은 모두가 알고 있다. 누구보다 먼저 일어나고, 가장 많이 아파하고, 최후까지 고민하는 마지막 한 사람, 그가 바로 진정한 리더 조성동 감독이다.

집에서는
선수가 없어 하지
않는다

2012년 8월. 지구 반대편 런던에서 들려온 기분 좋은 소식들로 우리는 참 행복했다. 특히 그 중에서 아직 소년티가 물씬

나는 작은 청년의 도전에 국민 모두가 응원의 박수와 격려를 보냈다. 그 청년의 도전이 성공하는 순간 우리 모두는 벅찬 감동의 도가니에 빠져 들었다. 대한민국의 체조인이라면 절대 그 순간을 잊지 못할 것이다. 그리고 역사를 새롭게 쓸 수 있게 만든 장본인이 조성동 감독이란 것을 부인할 사람은 없을 것이다.

스포츠는 선수도 중요하지만, 선수의 가치를 극대화시켜내는 지도자의 역할도 결정적이다. 성공한 선수의 뒤에는 선수보다 더 많은 노력을 하는 지도자가 있다는 것을 알아야 한다. 조성동 감독을 아는 일반인은 거의 없을 것이다. 그도 그럴 것이 체조에 대한 관심은 올림픽에서만 반짝한다. 하지만 국내외 체조계에서 조성동 감독은 실력 있는 지도자로 명성이 자자하다. 조 감독은 몇몇 나라에서 여러번 대표코치 의뢰를 받았지만 그때마다 "아직 못 다 이룬 꿈이 있기 때문에"라는 이유로 거절했다. 조 감독의 그 꿈은 지난 여름 런던올림픽에서 이뤄졌다.

내 기억 속 조 감독의 첫 인상은 짙은 눈썹, 뚜렷한 윤곽, 잘 다져진 근육질의 몸매, 그리고 강렬한 눈빛으로 선수들을 압도하는 그런 모습이었다.

체조계 대선배인 조 감독과는 많은 추억이 있다. 그 중에서도 독일에서 열린 세계선수권대회의 기억이 새롭다. 당시 조 감독은 남자팀 감독, 나는 여자팀 심판으로 참가했다. 당시 대표팀이 머물던 숙소가 외곽에 있어 식사하기가 매우 불편했다. 선수들의 식사를 위해 무엇을

해줄까 고민하다가 걸어서 1시간 거리에 작은 마켓이 있다는 것을 알아냈다. 이 때 조 감독이 동행을 자처해 함께 장을 봤다. 조 감독은 직접 요리를 해서 선수들을 먹였는데, 집에서도 이런 일을 하냐고 물었더니 답이 걸작이었다.

"집에서는 선수들이 없기 때문에 하지 않는다."

2011년 7월 태릉선수촌을 찾았을 때다. 여자팀 코치들의 표정이 좋지 않았다. 무슨 일이 있는지 눈치를 살피고 있는데, 조 감독이 다가와서 "날씨는 덥고, 훈련량은 많고, 코치들 마음은 급하고, 여러 가지로 힘들어 하는 것 같은데 코치와 선수들 맛있는 것도 좀 사주고 기분전환도 시켜주라. 임원들 오면 안 되는 점만 지적하는데, 코치나 선수들이 그걸 몰라서 못하는 게 아니잖아?" 하면서 넌지시 코치와 선수들의 마음을 알려줬다. 조 감독은 "백 마디 말보다 '힘들지?' 하는 한 마디가 선수나 코치에게는 가장 큰 힘이 되지"라는 말을 남긴 후 남자 선수 쪽으로 가면서 한쪽 눈을 찡긋했다. 그런 그의 모습에서 호랑이 감독 이면에 내재된 인간적인 면모를 읽을 수 있었다.

지도자와 선수의 관계는 단순히 기술을 지도하고 받는 것이 아니다. 훌륭한 지도자라면 마음으로 선수들의 기쁨과 고통을 함께 나눠야 한다. 조 감독은 그런 지도자의 덕목을 몸소 실천하려 애쓴다. 조 감독의 그런 노력이 나 같은 후배를 부끄럽게 만든다.

– **이필영** (용인대 교수)

학연을 타파하라
동등하게 경쟁시켜라
결과에 승복하게 하라

프로농구감독 최초 400승을 달성한 만수(萬手), 유재학

승부처

울산 모비스 농구단 숙소 앞에 벚꽃이 만발했다. 어제까지는 꽃망울만 맺혔던 것이 하루 만에 활짝 폈다. 낙엽이 뒹구는 10월에 시작되는 프로농구는 이듬해 3월말 정규리그가 끝난다. 모비스 선수들에게 숙소 앞에서 벚꽃을 본다는 건 축복이다. 선수들이 벚꽃이 만개한 4월 중순까지도 울산 숙소에 있다는 건 챔피언 결정전에 진출했다는 의미다.

2007년 4월 18일. 부산 KTF와의 챔피언 결정전 1차전을 하루 앞둔 유재학 감독은 만개한 벚꽃을 보며 웃음을 머금었다. 지난 시즌에도 챔피언 결정전에 진출했지만 벚꽃을 본 기억이 없다. 첫 번째 챔피언 결정전 진출이었던 만큼 여유가 없었던 것이다. 당시 모비스는 삼성과의 대결에서 4전 전패를 당하며 주저앉았다. 유 감독은 그 쓰라린 기억을 떠올리며 차례차례 복기를 해 봤다. 그러나 이런저런 전술을 다 써보며 복기해 봤지만 결과는 역부족이었다. 그때였다. 죽비로 맞은 것처럼 깨달음이 밀려왔다.

정규리그 54경기를 뛰면서 상대방에게 보여줄 패는 다 보여줬다. 유 감독의 머릿속에 새로운 전술을 들고 나가는 것보다 오히려 전술을 단순화시켜야 한다는 역발상이 똬리를 틀었다. 유 감독은 지장이라는 자신에 대한 평가와 꾀돌이, 여우라는 별명이 오히려 자신과 선수들을 혼란에 빠트리고 있다고 생각했다. 그래서 택한 필승 카드는 우리 선수들이 가장 잘 할 수 있는 것으로 하자는 것이었다.

생각이 단순해지자 이제 남은 건 하나였다. 큰 경기에 임하는 선수들의 마음가짐에 불을 지피는 일이었다. 유 감독은 촛불 앞에 선수들을 불러 모았다. 처음에는 어리둥절해 하던 선수들이 감독의 마음을 알아차리기까지는 얼마 걸리지 않았다. '우리는 하나다. 그래서 우리는 강하다' 라는 신념의 고리가 촛불을 들고 둘러서 있는 선수들의 어깨를 감쌌다. 칠흑 같은 어둠속에서 선수들의 눈빛은 촛불보다 빛났다. 그 눈빛은 우승에 대한 확신이었다.

유재학 감독 약력

- 생년월일 : 1963년 3월 20일

- 출생지 : 서울

- 신장 : 178cm

- 체중 : 78kg

- 출신교 : 상명초-용산중-경복고-연세대

- 1986년~1990년 기아자동차 선수

- 1990년~1994년 연세대 코치

- 1994년~1997년 인천 대우증권 코치

- 1997년~1999년 인천 대우 제우스 감독(프로농구 최연소 감독 35세)

- 1999년~2001년 인천 신세기 빅스 감독

- 2001년~2003년 부천 SK 빅스 감독

- 2003~2004년 인천 전자랜드 블랙슬래머 감독

- 2004년~현재 울산 모비스 피버스 감독

- 2005~2006시즌 정규리그 우승

- 2005~2006시즌 감독상

- 2006~2007시즌 통합우승

- 2006~2007시즌 감독상

- 2008~2009시즌 정규리그 우승

- 2008~2009시즌 감독상

- 2009~2010시즌 통합우승

- 2010년 광저우아시안게임 국가대표 감독(준우승)

- 2012년 12월 18일 프로농구감독 최초 400승 달성

● 2010년 5월. 울산 모비스 농구단은 유재학 감독과
프로농구 사상 최초로 5년간 총액 20억원에 장기계약을 한다고 발표했다.
이전까지 프로농구 감독의 계약 기간이 3년인 점을 감안하면 파격이었다.
2004년 3월 모비스 농구단 감독으로 부임해 3년씩 두 차례 계약 갱신에 성
공했던 유 감독은 6시즌 동안 네 번의 정규리그 우승과 두 번의 통합 우승
을 이뤄냈다.

모비스 농구단은 당시 보도자료에서 "기록적인 성과도 성과지만 유재
학 감독의 지도철학과 성실성에 높은 점수를 줬다"고 밝혔다. 장기계약은
한 치의 흐트러짐 없이 뚜벅뚜벅 자신의 길을 걸어가 결국 명장의 반열에
오른 한 지도자에 대한 신뢰고 예우였다.

사실 유 감독이 지도자로서 챔피언의 자리에 오르기까지는 9년이란 세
월이 걸렸다. 우승의 열매는 달콤하기는 했지만 거기까지 도달하는 과정
은 길고 긴 인고의 시간이었다. 그러나 9년은 헛되지 않았다. 그 시간만큼
그의 원칙과 지도력은 차돌처럼 단단해졌다.

유 감독은 빠르지는 않았지만 쉽게 주저앉지도 않았다. 켜켜이 쌓여가
는 시간의 흐름 속에 그는 프로농구 감독 최초로 400승 감독이 됐다. 그

기록은 현재진행형이다.

2012~2013시즌이 시작되기 직전 유 감독에게 "15년간 한 번도 쉬지 않고 꾸준히 감독 생활을 해 왔는데, 이를 농구 경기로 환산하면 어디쯤 와 있는 것 같으냐"는 질문을 던졌다. 유 감독은 고심 끝에 "4쿼터 초반 어디쯤 와 있지 않을까" 하고 답했다.

1 쿼 터 , 명 장 은 하 루 아 침 에 만 들 어 지 지 않 는 다

1998년 인천 대우 제우스 농구단은 유재학 코치를 감독으로 승격시켰다. 당시 그의 나이는 35세. 선수로 뛰어도 전혀 이상하지 않을 나이다. 유 감독이 어린 나이에 감독이 되면서 농구계에서는 기대도 컸지만 우려의 목소리도 있었다. 주변에서는 몇 년 버티다 그만둘 것이라고 수군대기도 했다. 그러나 감독은 버텼는데 팀이 버티질 못했다.

IMF 한파가 몰아친 1999년 인천 대우 제우스 농구단은 모기업 부도로 인해 역사 속으로 사라졌다. 그 후 농구단은 당시 '삐삐' 사업으로 잘 나가던 신세기통신이 인수해 신세기 빅스 농구단으로 창단됐다. 2년 뒤 신세기통신은 SK텔레콤으로 흡수 통합됐다. 신세기 빅스는 SK 빅스 농구단으로 옷을 갈아입었다. 여기서 문제가 발생했다. 한국농구연맹KBL 규정상 한 기업이 두 개의 구단을 보유할 수 없게 되어 있다. 당시 SK는 이미 농구단을 운영하고 있어서 SK 빅스 농구단의 운명은 한시적일 수밖에 없었다. 이에 따라 SK 빅스는 2년 뒤 2003년 전자랜드에 매각돼 전자랜드 블랙슬래머 농구단이 된다. 유 감독이 1998년 첫 지휘봉을 잡은 이후 6시즌 동안 팀이 네 번이나 바뀐 것이다. 2년마다 모기업이 바뀌면서 팀이 새롭게 창단되는 운명을 받아들여야 하는 감독의 속은 시커멓게 타들어 갔음은 미루어 짐

작할 수 있다. 언제라도 내쳐질 수 있는 풍전등화 같은 상황에서 어떻게 그는 버텼을까.

젊지만 능력 있는 감독이라는 평가를 받던 유 감독을 지탱하는 힘은 원칙과 소신이었다. 위기는 있었다. 대우에서 신세기로 팀이 바뀌고 맞이한 1999~2000시즌 성적은 15승 30패. 팀이 새롭게 창단되면 기대가 크다는 것은 자명한 일이다. 하지만 10개 구단 중 최하위의 성적표는 참담했다. 누군가 책임을 져야만 하는 상황이었다.

유 감독은 "시즌 종료 후 구단에서 호출을 하더라고요. '올 것이 왔구나' 편하게 마음을 먹고 구단 사무실에 들어갔죠"라고 당시를 회상했다.

테이블에 앉은 순간 유 감독이 들은 첫 마디는 '연세대 출신 선수들만 편애하는 거 아니냐?'는 황당한 질문이었다. 유 감독은 억울했다.

1997년 프로농구 출범 시 대우 농구단에게는 특정 대학을 지명할 수 있는 혜택이 주어졌다. 연세대 출신인 유 감독은 당시 강력하게 고려대 선수들을 받아들여야 한다고 주장했다. 전희철 김병철이 졸업반인 고려대가 우지원 김훈의 연세대보다 기량이 낮다고 판단했기 때문이다. 그러나 유 감독의 의견과는 반대로 회사 차원에서 연세대를 지명했고, 원치 않는 '연세대OB' 팀이 결정된 것이다. 당연히 유 감독 입장에서는 억울할 수밖에 없었다.

대한민국의 고질적 병폐인 학연의 직접적 피해자인 유 감독의 원칙은 '수평적 평가'다. 어떠한 선입견도 없이 동등하게 경쟁시켜 최선의 선택을 한 후에야 코트에 내보낸다.

이런 원칙은 선수시절부터 생겨났다. 그의 선수 시절은 화려했다. 용산중학교에 다닐 때 이미 농구 천재로 이름을 날렸던 유 감독의 플레이를 방송에서 생중계하기도 했을 정도다. 당시 용산중학교 선수들은 대부분 용산고등학교로 진학하는 것이 관행이었다. 그러나 유 감독은 경복고로 가겠다고 우겼다. 학연에 얽매이고 싶지 않았다. 고등학교 2학년 때부터 연세대와 고려대의 스카우트 경쟁이 치열했다. 스카우트의 승자는 고려대가 되는 듯 했다. 이번에도 유 감독은 학교 측의 의사와는 반대로 연세대 행을 결심했다.

"그냥 연세대의 푸른 유니폼이 멋져 보였어요."

연세대 졸업할 무렵 실업팀 기아자동차 농구단이 창단됐다. 기아자동차는 신생팀으로서 3년간 우수 선수들을 선점할 수 있는 혜택을 입었다. 당시 창단멤버는 연세대의 유재학 정덕화, 중앙대의 한기범 강정수가 주축이었다. 이후 중앙대 출신의 거물 김유택 허재 강동희가 차례로 입단했다. 1989년 농구대잔치에서 팀의 우승을 이끈 유 감독은 대회 최우수선수MVP에 선정됐다. 기쁨도 잠시, 동료였던 중앙대 출신 선수들이 단체로 감독에 대해 보이콧을 했다. 연세대 출신 방열 기아 감독이 후배인 유 감독을 밀어줬다는 이유에서였다. 내홍은 깊었다. 유 감독은 28세의 어린 나이에 은퇴를 결정했다. 무릎 부상에 이은 수술이 표면적인 이유였지만 속내는 파벌주의에 대한 회의 때문이다.

연세대 코치를 거쳐 1998년 프로농구 감독이 된 이후 일관된 유 감독의 원칙은 팀 내에 학연과 파벌은 절대로 용납하지 않겠다는 것이었다. 실제로 감독 생활 15년 동안 신인드래프트에서 연세대 출신 선수를 뽑은 건 단한 차례였다. 오히려 대학 2부 리그에 있던 조선대 상명대 목포대 초당대 선수들을 뽑기도 했다. 오로지 선수의 기량과 성실성만 봤다. 연세대 선배들이나 원로들은 너무하다며 은근히 압박을 가해오기도 했다. 그러나 그의 원칙은 절대 흔들리지 않았다.

유 감독은 당시 신세기구단 측에 구차한 변명은 하고 싶지 않았다. 그러나 자신이 굳게 지켜온 원칙이 왜곡되는 것만은 참을 수 없었다.

"당시 감독을 더 하느냐 마느냐는 중요한 게 아니었죠. 구단에 조목조목 반박할 건 반박하고 설명할 건 설명했습니다."

진심이 통했는지 장시간 설명을 들은 구단 측은 다행히 유 감독을 이해했다. 그러나 끝이 아니었다. 구단에서는 "누군가 책임을 져야하는데 당신에게는 한 번 더 기회를 주고 싶다. 대신 코치를 바꾸라"고 통보했다.

자신은 살아남았다는 안도감이 컸을까. 유 감독도 오래된 얘기라서 그때 심정은 기억이 가물가물하다고 했다. 분명한 건 '이건 아니다' 라는 생각이었다.

"그 순간 단번에 말씀드렸죠. 성적은 감독이 책임지는 겁니다. 제가 그만두더라도 그렇게는 못 하겠습니다."

유 감독의 소신에 구단도 당황스러웠을 것이다. 그럼에도 구단은 고맙게도 유 감독을 믿어줬다. 결국 유 감독과 임근배 코치는 그때부터 지금까지 14년 동안 한솥밥을 먹고 있다. 임 코치의 모교는 경희대다. 1999년 유 감독이 임 코치를 데려왔을 때 농구계에는 잔잔한 파문이 일었다. 감독이 코치를 선임할 때 같은 학교 출신이거나 평소 친분이 있는 사람을 선택하는 것이 관례였다. 그러나 유 감독은 농구계 선후배일 뿐 모교 후배도 아니고 친하지도 않았던 임 코치를 과감히 수석코치에 앉혔다.

"직접적으로 관계는 없었지만 평소 임 코치에 대해서 좋은 감정을 갖고 있었는데 주변 평판이 아주 좋더라구요."

학연에 연연하지 않는 유 감독의 소회다.

팀의 주인이 여러 차례 바뀌는 상황은 선수단 구성의 어려움을 동반했다. 장기적인 운영 계획을 세우기가 어려웠다. 트레이드도 쉽지 않았고 FA_{자유계약} 선수를 데려올 수도 없었다. 이 때 유 감독이 선택할 수 있는 단 하나의 답안지는 있는 자원으로 최대의 성과를 내는 것이었다. 그러기 위해서는 지도자가 실력이 있어야 했다. 끊임없이 연구하고 공부했다. 상대방의 약점이 보이면 물고 놓지 않는 전략, 전술을 고민했다. 선수들이 따라오지 못하기도 하고 실수도 있었지만 보고 익히고, 경기에 적용하다보니 길이 보이기 시작했다.

유 감독은 프로농구판의 대표적 지장이다. 강력한 힘으로 선수들을 장악하는 용장, 인간적인 성품으로 선수들을 끌어안는 덕장에 비해, 지장은 철저히 계산된 작전과 실력으로 승부를 본다. 만 가지 수를 내다보는 치밀한 두뇌싸움이 그의 무기다. 그래서 최근 유 감독의 공식 별명은 만수萬手다. 2010년 이상범 KGC 인삼공사 감독이 울산 모비스와의 경기 후 인터뷰 자리에서 "재학이 형은 못 당하겠어요. 만수예요"라고 말한 것이 발단이 됐다. '만수'의 초석은 이 시기에 다져진 것이 분명하다.

2쿼터, 봉인 해제된 리더십

지도자 생활의 1쿼터는 우여곡절이 많았다. 특히 팀이 자주 바뀌는 상황은 감독으로서 감내하기 쉽지 않았다. 팀이 안정적인 가운데 자신의 지도 철학을 펼쳐 보이고 싶은 욕심은 심연 깊은 곳에 감춰둬야만 했다.

2004년 3월 모비스 농구단에서 러브콜이 왔다. 유 감독은 당시 프로농구 감독 최고 연봉_{2억3천만원}을 받고 모비스로 옮겼다. 우승 경력 없는 감독에게 너무 과분한 대우라는 비판도 일었다. 유 감독은 당시를 "아마 내 인생에서 가장 고민을 많이 한 시기"라고 술회했다.

유감독도 처음에는 두 차례나 모비스 구단의 제의를 정중히 거절했다. 당시 소속팀인 전자랜드를 플레이오프 4강으로 올려놓았기에 구단과의 관계도 나쁘지 않았다. 2003~2004시즌 플레이오프 4강 진출은 인천 연고 구단으로서는 처음이었다.

유 감독이 모비스를 선택한 이유는 단 한 가지였다. 돈도, 명예도 아니었다. 모비스 농구단에서 최종적으로 제안한 한 마디 말 때문이었다. 모비스 구단 측은 '선수단 운영의 전권을 주겠다'며 삼고초려의 마지막 승부수를 띄웠다. 유 감독은 이 말에 결국 모비스 구단의 제안을 받아들였다. 이제 유 감독이 해야 할 일은 자신의 선택을 묵묵히 증명하는 것밖에 없었다. 구단이 자신의 가치를 인정해줬다는 뿌듯함보다 지도력을 마음껏 펼쳐 보일 기회가 왔다는 즐거움이 한층 컸다. 힘든 시기 동안 배우고, 느끼고, 깨달은 것을 모비스 선수단에 이식하고 싶었다. 정해진 목표를 향해 누구 하나 탈선하지 않고 한마음으로 뭉치는 것, '팀모비스'를 완성하고 싶었다. 농구는 다섯 명이 한다. 유 감독은 걸출한 선수가 없더라도 이 다섯 명의 조직력만으로도 충분히 통할 수 있다는 걸 증명해 보이고 싶었다.

울산 모비스 농구단으로 옮긴 유 감독의 리더십은 드디어 봉인 해제되어 기회를 맞았다. 유 감독 부임 직전 모비스 농구단의 성적은 15승 39패. 10개 구단 중 최하위였다. 유 감독은 우선 선수단을 면밀히 관찰했다. 그의 시선을 가장 불편하게 한 건 삼삼오오 무리를 지어 다니는 모습이었다. 선수들은 하나로 뭉치지 못했다. 성적이 나쁜 팀의 전형적인 모습이다. 유 감독은 우선 선수들이 하나로 모일 수 있는 계기가 필요하다고 느꼈다.

유 감독은 훈련이나 합숙 도중 한 명도 열외 없이 아침 식사를 같이 하도록 했다. 서로 얼굴을 보며 교감을 나누자는 의미였다. 유 감독 자신이 항상 선수들보다 10분 먼저 아침식사 자리에 나왔다. 아침에 졸린 눈을 부비며 괴로운 표정을 짓던 선수들은 한 달이 지나자 습관을 들이기 시작했다. 서로 환담을 나누는 모습이 생기면서 아침식사 자리는 화기애애해졌다.

유 감독은 본격적인 훈련에 돌입해서는 무한 경쟁을 시켰다. 사적인 공간에서는 서로 친하게 지내도 훈련에서는 서로가 경쟁자라는 인식을 심어줬다. 큰 일을 위해 사사로운 정을 떨쳐내는, 읍참마속의 결단도 내렸다. 당시 모비스 최고의 스타 선수는 '3점 슈터' 우지원이었다. 유 감독은 과감히 우지원을 식스맨으로 보직 변경했다. 유 감독과 우지원은 경복고-연세대 선후배 사이다. 하지만 학연과는 담을 쌓은 유 감독이었다. 우지원은 항상 주전으로 뛰다가 식스맨이 된 것에 분명 속이 상했을 것이다. 그러나 유 감독은 꿈쩍하지 않았다. 우지원의 기량과 성격을 꿰뚫고 있기에 가능했다.

우지원은 장점과 단점이 분명했다. 공격력에 비해 수비의 문제가 컸다. 유 감독은 대형 선수가 없었던 모비스가 살아남는 길은 수비 조직력밖에 없다고 판단했다. 따라서 수비가 약한 우지원의 출전시간은 줄어들 수밖에 없는 구조였다.

반면에 공격적인 반격이 필요할 때 우지원은 바로 투입됐다. 슈터는 꾸준히 출전해야 숏감각이 살아난다. 의기소침해지거나 자신감이 떨어지면 위력은 반감된다. 사실 우지원의 진짜 별명은 '코트의 황태자'가 아니다. 친구들 사이에서는 '된장', '엽전'으로 불린다. 깔끔한 외모와는 다르게 성격이 털털하기 때문이다. 대학 때부터 우지원을 가르쳤고 그 성격을 잘 알고 있던 유 감독은 우지원이 그 어려움을 극복하리라 믿었다.

당연히 주전이라 생각했던 우지원도 주전경쟁에서 예외가 아니라는 사실을 알게 된 선수들은 술렁거렸다. 그때부터 근성 있는 선수들이 하나둘씩 나타나기 시작했다. 출장 기회를 잡을 수 있다는 희망이 음지에 있던 선수들의 마음을 움직였다. 유 감독 부임 전까지 별다른 활약이 없었던 이병석 이창수 구병두 등은 전문 수비수로 두각을 나타냈다.

유 감독은 신인 육성에도 온힘을 쏟아 부었다. 그 기회를 잡은 선수가 지금 KBL 최고의 선수로 우뚝 선 양동근이다. 유 감독은 양동근에게는 잔인할 정도로 혹독하게 대했다. 양동근은 기본적으로 체력과 공격력, 수비력이 뛰어난 선수다. 하지만 그에게는 가드로서 갖춰야할 가장 중요한 능력 가운데 하나인 패싱에 대한 센스가 부족했다. 유 감독은 양동근의 장점을 극대화시키는 데 집중했다.

'줄탁동시啐啄同時'

병아리가 살아남기 위해서는 여린 부리로 직접 알을 깨야 하고, 어미닭은 밖에서 그 신호를 빨리 알아챈 뒤 병아리에게 기회와 도움을 주어야 한다. 스승의 역할이란 바로 어미닭과 같은 것. 유 감독의 줄탁동시 지도력이 절실히 요구되는 시간이었다. 배우려는 마음과 가르치려는 마음이 함께 일치하는 것을 줄탁동시라 한다면, 유 감독에게 선수들은 부화하기 직전의 병아리 같았다. 자신은 선수들이 깨우치고 스스로 일어날 수 있도록 가려운 곳을 긁어주는 역할을 해야 했다.

"먼저 선수들의 장점을 분석하고 이를 최대한 활용하게끔 유도합니다.

단점은 팀이 메워줄 수 있으니까요."

무한경쟁 시스템이 빠르게 자리를 잡자 팀모비스는 점점 완성돼 갔다. 그렇다고 무작정 경쟁만 시킨 것은 아니다. 유 감독의 가르침은 섬세하다. 수비, 공격 동작 하나부터 열까지, 한 치의 오차도 없이 반복에 반복을 거듭해서 선수들을 조련했다. 선수들을 지도하는 유 감독의 목소리가 높아졌다. 다그침의 강도도 세졌다. 유 감독은 선수들이 주눅들까봐 걱정도 됐다. 그러나 유 감독은 이 정도도 못 이겨내는 선수는 어차피 코트에 설 자격도 없다며 나약해지려하는 마음을 잡았다고 했다.

"잔소리 듣는 선수들도 괴롭겠지만 목청 높이는 사람도 쉽지 않은 일이죠. 저라고 왜 선수들과 매일 웃으며 지내고 싶지 않겠습니까?"

데뷔 첫 해 신인상을 받은 양동근은 당시 주목받는 신세대 가드였다. 패스와 경기운영에 주력하는 기존의 정통 포인트 가드와는 다르게 엄청난 활동량을 바탕으로 상대 가드를 괴롭혔다. 그러나 이 정도로는 유 감독의 성에 차지 않았다. 데뷔 2년 만에 정규리그 MVP를 받은 양동근은 2006~2007시즌 도중 유 감독 앞에서 두 차례나 눈물을 흘렸다. 양동근은 "당시, 감독님은 왜 저만 미워할까 생각하기도 했죠. 나중에야 그 깊은 뜻을 알았죠"라며 이제는 유 감독의 다그침도 가볍게 웃어넘긴다.

부임 전 최하위를 전전하던 모비스는 유 감독이 지휘봉을 잡은 첫 해 7위로 시즌을 마감했다. 하지만 이듬 해 정규리그 1위를 차지했다. 유 감독 부임 2년 만에 이룬 성과에 모두가 놀랐다. 잘해야 6위 싸움을 할 것이라고 예상했던 전문가들마저 머쓱해 했다. 언론은 특정 선수에 의존하지 않는 조직력이 이뤄낸 쾌거라며 찬사를 보냈다. 유 감독의 지도력과 리더십이 집중 조명받기 시작했다.

하지만 정규리그 1위는 새로운 도전의 시작이었다. 그해 모비스는 챔피언 결정전에서 삼성에 4전 전패로 완벽하게 패했다. 감독 생활 첫 번째 챔피언 트로피는 허무하게 눈앞에서 사라졌다. 당시 유 감독은 "선수들은 아무 잘못이 없다. 정규리그 우승에 취해 준비를 소홀히 한 내 책임"이라며 자신을 채찍질했다.

다시 목표가 세워졌다. 통합우승이었다. 전 시즌 정규리그 1위를 차지하고도 2006~2007시즌 개막 전까지 모비스는 우승 후보로 거론되지 않았

다. 큰 경기에 강한 선수가 없다는 분석이었다. 전 시즌 챔피언 결정전에서 단 1승도 따내지 못하고 물러난 것이 이런 평가를 받게 한 것이다. 그러나 이것은 기우에 불과했다. 막상 정규 시즌이 시작되자 전문가들의 예상을 비웃기라도 하듯 모비스 선수들은 유 감독의 지휘 아래 일사분란하게 움직이며 선두로 치고 나갔다. 결과는 정규리그 2연패.

챔피언결정전 상대는 추일승 감독_{현 오리온스}이 이끄는 부산 KTF였다. 유 감독은 챔프전을 앞두고 지난 시즌 삼성과의 챔피언 결정전을 복기했다. 당

시에는 너무 새로운 전략, 전술에 집착하지 않았나 하는 생각이 들었다. 정규리그 54경기를 치르는 동안 이미 보여줄 건 다 보여줬는데도, 새로운 전술을 시도한 것이 패인이란 결론에 도달했다. 유 감독은 모든 전술을 단순화시켰다. 우리 선수들이 가장 잘 할 수 있는 걸로 쉽게 가져가자고 다짐했다.

챔프전을 하루 앞두고 유 감독은 울산 숙소 앞마당에 모든 선수들을 불

러 모았다. 프런트에 미리 초를 준비해달라고 부탁했다. 칠흑같이 어두운 밤, 촛불에 비춰진 선수들의 표정은 어리둥절했다. 유 감독은 그 자리에서 "한 사람의 영웅이 탄생하기보다는 우리 모두가 영웅이 되자"고 말했다. 선수들의 눈빛은 이글거리는 촛불보다 더 타올랐다. 건곤일척의 싸움을 앞둔 남자들의 비장미였다. 유 감독은 이를 끄집어내고 싶었다. 무릎을 탁 치게 하는 전술보다 더 중요한 건 경기에 나서는 선수들의 마음가짐이라는 것을 유 감독도 깨달았던 것이다.

결국 그 해 모비스는 KTF의 거센 추격을 뿌리치고 챔피언이 됐다. 지도자 생활 9년 만에 찾아온 감격이었다. 유 감독은 애써 눈물을 참았다. 갑자기 우지원이 달려와 유 감독을 벌떡 들어올렸다. 사제 간의 눈시울은 붉게 물들었고, 수많은 카메라 셔터 누르는 소리가 주변에 울려 퍼졌다. 당시 유 감독이 던진 한 마디.

"울지 않으려 했는데, 저 녀석^{우지원}이 울리네요."

우지원은 그해 우수후보선수^{식스맨}상을 받았다. 주전에서 식스맨으로, '코트의 황태자'에서 '마당쇠'로, 완벽한 변신이었다. 양동근은 2년 연속 정규리그 MVP를 수상함과 동시에 챔피언결정전 MVP에 오르며 한국 프로농구 최고의 선수 중 한 명이 됐다. 이것은 유 감독이 팀을 먼저 생각하고 조직력을 극대화한 결과였다. 개인의 영광은 자연스럽게 따라오는 선물이었다.

이 시기 인터넷 상에서 팬들 사이에 갑론을박이 벌어졌다. '하나의 유기체 같은 조직력은 보는 이로 하여금 전율을 느끼게 한다'는 것과 '모비스 선수들은 체스 판의 말 같다. 창의력은 없고 더욱이 유재학 농구는 수비만 강조해서 재미없다'는 의견이 대조를 이뤘다. 2년 뒤 이에 대한 평가는 '하모니'로 압축된다.

3쿼터, 가지고 있는 패로 최고의 하모니를 만들다

챔피언 등극의 기쁨도 잠시였다. 우승 주역이었던 양동근과 김동우^{현 SK}가 입대했다. 2007~2008시즌 14승 40패, 1위에서 9위로 급락했다. 그러나 유 감독은 급하지 않았다. 팀의 성적이 곤두박질치는 가운데서도 가능성 있는 신인 선수들의 성장을 봤기 때문이다.

2007년 신인드래프트에서 전체 10순위로 뽑힌 중앙대 출신의 센터 함지훈의 성장은 양동근 못지않았다. 센터로는 키가 작고 느리며 운동능력이 떨어진다는 이유로 10순위까지 미끄러졌지만 가드에서 센터로 전향한 함지훈의 독특한 이력을 눈여겨봤다. 함지훈은 볼 핸들링이 뛰어나고 수준급의 센스를 지녔다. 2006년 데뷔한 김효범^{현 SK}도 유 감독의 레이더에 잡혔다. '아트덩커'로 화려하게 데뷔했던 김효범은 신인시절 허리디스크 수술을 받고 의기소침해 있었다. 유 감독은 두 선수를 더 거세게 몰아세웠다.

군 입대로 공백이 생긴 자리는 타 팀에서 1년임대로 데려왔다. LG로부터 포인트가드 김현중^{현 KTF}을 받았고, 삼성에서는 슈터 우승연^{현 삼성}을 받았다. 유 감독은 1년 만에 돌아갈 선수들이었지만 그들에게 독기를 심어줬다.

2008~2009시즌 '유재학과 그의 아이들'은 대반격을 시작했다. 당시 모비스의 샐러리캡^{구단 연봉총액} 소진율은 66.6%였다. KBL 규정상 한해 샐러리캡은 70%를 채워야 한다. 하지만 주요 선수들의 군 입대로 생긴 공백 탓에 샐러리캡을 채울 수가 없었다. 결국 KBL은 이 사정을 감안해 이를 승인

해줬다. 이처럼 샐러리캡도 채우지 못할 만큼 주전 공백이 심한 모비스를 우승 후보로 보는 이는 아무도 없었다. 꼴찌만 면해도 다행이라는 평가만 난무했다.

그러나 시즌 뚜껑이 열리자 모두가 입을 다물지 못했다. 모비스는 당대 최고의 선수인 김주성이 이끄는 원주 동부와 1~2위 싸움을 벌였다. '무명들의 반란'이었다. 유 감독의 지휘 아래 무명의 선수들이 그물처럼 촘촘한 조직력과 근성으로 똘똘 뭉쳐 누구도 예상치 못한 결과를 만들어냈다. 인터넷상에서는 당시 인기를 끌었던 TV 드라마〈베토벤바이러스〉의 지휘자 강마에(김명민 역)를 빗대어 유 감독을 '유마에'로 불렀다. 굽히지 않는 소신, 팀원에 대한 동기 부여를 통해 만들어내는 하모니는 그만큼 감동적이었다.

"저도 이름 있고 실력 있는 선수들이랑 해보고 싶죠. 하지만 가지고 있는 패로 최고의 조합을 만들어내는 기쁨은 무엇과도 비교할 수 없습니다. 선수들의 똘망똘망한 눈빛과 하고자하는 의욕을 보면 나도 모르게 자신감이 생기거든요."

모비스는 양동근과 김동우 없이, 대형 FA선수의 영입 없이, 규정에 모자라는 샐러리캡을 가지고도 그해 정규리그 1위에 올랐다. 당시 김효범과 김현중의 인터뷰가 인상적이다. 둘은 다른 인터뷰 자리에서 "감독님이 하라는 대로만 하면 그대로 돼요, 참 신기하죠"라며 같은 말을 했다.

2008~2009시즌 정규리그 1위를 차지한 모비스는 4강 플레이오프에 직행해 삼성에게 다시 무릎을 꿇는다. 그러나 누구도 그들을 비난하는 사람은 없었다.

"챔피언 결정전 문턱에서 주저앉았지만 일일이 선수들을 안아줬어요.

정말 고생했거든요."

　이 무렵부터 유 감독은 변하기 시작한다. 그전까지는 칭찬에 인색한 그였다. 경기 도중 선수들이 아무리 잘해도 박수 한 번 쳐주지 않았다.

　"2008~2009시즌은 정말 감동적이었죠. 나도 모르게 코트에서 벤치로 들어오는 선수의 엉덩이를 토닥거리게 됐죠. 재밌는 건 내가 그렇게 하면 선수들이 깜짝 놀라 뒤를 돌아보면서 긴장된 얼굴을 하고 있더라구요."

　하지만 유 감독은 그 때의 감동을 바로 묻어뒀다. 다음 시즌을 준비해야 했기 때문이다. 그는 냉정한 지도자로 돌아왔다. 실패는 할 수 있지만 실수는 용납하지 않는 게 유 감독의 소신이다. 이듬해, 양동근과 김동우가 군에서 제대해 팀에 합류하자 모비스는 날개를 달았다. 두 번째 통합우승은 쉽게 다가왔다.

　서두에 유 감독은 지도자 생활의 4쿼터 초반쯤에 와있는 거 같다고 했다. 2012~2013시즌을 앞둔 유 감독은 새로운 도전에 나서고 있다. 지금까지 그는 무명선수를 데리고, 신인을 키우며 자신의 지도력을 인정받았다. 이번 시즌에는 지도자 생활 최초로 대형 FA선수를 영입했다. 혼혈귀화선수인 '득점기계' 문태영이다. 또한 처음으로 신인드래프트 1순위 선수를 뽑았다. 포인트가드 김시래다. 기존의 양동근 함지훈은 KBL을 대표하는 선수로 성장했다. 언론은 이들에게 '판타스틱4' 라는 별명을 붙여줬고, 모비스를 우승후보 1순위로 지목했다.

　유 감독은 내심 긴장하는 눈치다. 15년 동안 이런 평가를 받고 시작한 시즌이 한 번도 없었기 때문이다. 그러나 만수萬手 유 감독은 자신만의 철학과 리더십으로 4쿼터 이야기를 써나갈 것이다. 힘들어도 변하지 않는 유 감독의 일관된 원칙과 소신이 그가 만수萬壽를 누리는 바탕이기 때문이다.

마당쇠가 되기를
바랐던 그 마음,
이제는 안다

2004년 유재학 감독이 모비스 농구단 지휘봉을 잡았을 때 기대가 컸습니다. 1992년 연세대 입학 당시 코치와 선수로 처음 만나 대우 농구단에서 한솥밥을 먹고 헤어진 후 5년 만에 재회하니 감정이 남달랐습니다. 특히, 감독님은 저와 경복고-연세대 선후배 사이이기도 합니다. 2003~2004시즌 저는 정규리그 54경기 전 경기에 출전해 평균 20.5점을 기록하는 등 개인적으로 프로 데뷔 최고의 성적을 올렸습니다. 그러나 팀은 최하위를 기록했습니다. 속이 무척 상했습니다. 이런 가운데 젊고 유능한 감독님의 부임은 한줄기 빛과 같았습니다. 개인 기록과 팀 성적, 두 마리 토끼를 잡을 수 있다는 생각이 들었습니다.

하지만 현실은 달랐습니다. 감독님은 모든 선수들을 같은 선상에서 놓고 치열한 경쟁을 시켰습니다. 대형 선수가 없다고 판단한 감독님은 특히, 수비 조직력을 끌어올리는 데 중점을 두었습니다. 출전 시간이 점점 줄어들고 식스맨이 됐습니다. 솔직히 당시에는 속이 많이 상했습니다. 입맛까지 떨어졌습니다. 끼니 때 두 공기씩 먹던 밥도 반 공기로 줄어들었습니다. 트레이드 요청을 해볼까라는 극단적인 생각도 해봤습니다. 하지만 내 고민과는 반대로 감독님은 아무 말씀도 없었습니다. 그래서 더 야속하기도 했습니다.

한편으로는 현실을 냉정하게 돌아봤습니다. 여기서 내 역할은 무엇일까. 답은 거기에 있었습니다. 내 개인의 출전 시간보다 더 중요한 건 팀의 조직력이었습니다. 감독님은 최고참이었던 내게 무거운 침묵으로 일관하면서 스스로 깨우치길 바라셨던 것입니다. 그 일이 있은 뒤 저는 주장 완장을 찼습니다. 후배들보다 솔선수범하고 훈련에 적극적으로 임했습니다.

슈터는 항상 감을 유지하는 것이 중요합니다. 처음으로 벤치를 들락날락하다보니 감을 잡기가 어려웠습니다. 그래서 벤치 뒤에서 누구보다 열심히 몸을 풀었습니다. 5분 대기조처럼 언제 코트로 뛰어들어갈지  몰랐기 때문입니다. 10분을 뛰건, 5분을 뛰건 몸을 사리지 않았습니다. 그렇게 1년이 지나자 언론에선 저에게 '코트의 황태자'라는 별명 대신 '마당쇠'라는 별명으로 부르기 시작했습니다.

2006~2007시즌 우리 팀은 첫 통합우승을 차지했습니다. 우승이 확정되는 순간 저는 달려가서 감독님을 벌떡 안아올렸습니다. 왜 그랬는지 저도 잘 모르겠습니다. 그냥 피가 솟구쳐 오르는 느낌이었습니다. 저는 모비스 농구단에서 감독님과 함께 네 번의 정규리그 우승과 두 차례 통합우승을 이뤄냈습니다. 제 유니폼은 울산 동천체육관에 영구결번 돼 있습니다. 만약 그때 감독님을 다시 만나지 못했더라면, 제가 그 뜻을 알지 못하고 다른 생각을 했더라면 이런 호사를 누리기 힘들었을 것입니다. 리더란, 지도자란 그런 역할을 하는 사람이 아닐까요.

– **우지원**(전 울산 모비스 선수)

사람의 마음을 움직여라
심리전의 마술사가 되라

2002년 월드컵 4강 신화를 쓴 위대한 승부사, 히딩크

승
부
처

2002년 6월 14일. 히딩크 감독이 이끄는 한국 축구 국가대표팀은 포르투갈을 꺾고 월드컵 16

강에 올랐다. 다음날인 15일. 인천에서 회복 훈련을 마친 거스 히딩크 감독은 이렇게 말했다.

"나는 여전히, 여전히 배가 고프다."

히딩크 감독은 '여전히(Still)'를 두 번이나 반복했다. 18일 대전에서 열리는 16강전에서 이탈리

아를 꼭 이기고 싶다는 의미였다. 대표팀은 그날 오후 대전으로 떠났다. 그런데 히딩크 감독은

그날도, 다음날에도 대전으로 가지 않았다. 대신 그는 또 다른 16강전인 스페인-아일랜드전이

열린 수원으로 향했다. 그 경기에서 이기는 팀은 한국이 이탈리아를 꺾을 경우 8강에서 맞붙

을 팀이었다. 코앞에 닥친 16강전을 제쳐두고 8강에서나 만나게 될 나라들의 경기를 관람하러

간 것이다. 이탈리아전 바로 전날 마지막 훈련에도 히딩크 감독은 없었다.

16강전을 앞두고 히딩크 감독의 석연치 않은 행보가 있은 뒤 믿기지 않을 일이 일어났다. 한국

이 우승후보 이탈리아를 꺾은 것이다. 한국은 이 여세를 몰아 8강전에서 스페인마저 침몰시켰

다. 한국 축구사를 새롭게 쓴 월드컵 4강 신화의 기적. 그 이면에는 심리전의 대가이자 승부사

적 기질이 넘치는 히딩크 감독의 주도면밀한 계획이 있었다.

히딩크 감독 약력

- 생년월일 : 1946년 11월 8일
- 출생지 : 네덜란드 파르세펠트
- 1967년~1970년 데 그라프샤프(네덜란드) 선수
- 1970년~1972년 PSV 아인트호벤(네덜란드) 선수
- 1972년~1977년 데 그라프샤프(네덜란드) 선수
- 1977년~1981년 NEC 네이메겐(네덜란드) 선수
- 1981년~1982년 데 그라프샤프(네덜란드) 선수
- 1982년~1984년 데 그라프샤프(네덜란드) 코치
- 1984년~1990년 PSV 아인트호벤(네덜란드) 코치~감독
- 1996년 유럽선수권대회 8강(네덜란드 국가대표팀)
- 1998년 프랑스월드컵 4강(네덜란드 국가대표팀)
- 1990년~1991년 페네르바체(터키) 감독
- 1991년~1993년 FC 발렌시아(스페인) 감독
- 1995년~1998년 네덜란드 국가대표팀 감독
- 1998년~1999년 레알 마드리드(스페인) 감독
- 1998년 인터콘티넨탈컵 · 도요타컵 우승(레알 마드리드)
- 2000년~2000년 레알 베티스(스페인) 감독
- 2000년~2002년 대한민국 국가대표팀 감독
- 2002년 한일월드컵 4강(대한민국 국가대표팀)
- 2002년 체육훈장 청룡장
- 2002년~2006년 PSV 아인트호벤(네덜란드) 감독
- 2002년~2004년 네덜란드리그 우승(PSV 아인트호벤)
- 2005년~2006년 호주 국가대표팀 감독
- 2005년 네덜란드리그 우승(PSV 아인트호벤)
- 2005년 유럽챔피언스리그 4강(PSV 아인트호벤)
- 2006년 독일월드컵 16강(호주 국가대표팀)
- 2006년 러시아 국가대표팀 감독
- 2008년 유럽축구선수권대회 4강(러시아 국가대표팀)
- 2009년 첼시 FC(잉글랜드) 감독 · FA컵 우승
- 2010년~2011년 터키 국가대표팀 감독
- 2012년~FC 안지(러시아) 감독

● 거스 히딩크 감독이 한국에 입국한 것은 2000년 12월 17일이었다. 한·일 월드컵을 1년 반 남긴 시점. 그 때부터 히딩크 감독은 미리 준비된 5가지 승부수를 던졌고 그걸 체계적으로, 과학적으로 완벽하게 수행했다. 그 결과로 나온 게 아무도 예상치 못한 월드컵 4강이었다. 월드컵 첫 승, 잘하면 16강이라는 목표는 국민과 선수들의 목표일 뿐 히딩크 감독의 목표는 아니었다. 히딩크 감독은 가장 높이, 가장 멀리 보고 있었다.

당시 기술위원장으로 히딩크 감독을 도운 이용수 세종대 교수는 히딩크 감독을 "큰 대회를 어떻게 준비하고 어떻게 대비해야 하는지 동물적으로 아는 지도자"라고 평가했다. 히딩크 감독은 실제로 그랬다. 특히 히딩크 감독이 이탈리아와의 16강전을 앞둔 이틀 동안 던진 승부수는 아무도 예상치 못하는 묘수였다. 그리고 그게 기가 막히게 들어맞았다.

6월 18일 한국-이탈리아전이 열린 곳은 대전 월드컵 경기장이었다. 한국대표팀은 6월 14일 인천에서 포르투갈을 꺾고 16강 진출을 확정한 바로 다음날 회복훈련을 마치고 대전으로 내려갔다. 그런데 히딩크 감독은 대표팀과 함께 움직이지 않았다. 다음 날인 16일, 히딩크 감독이 애인 엘리

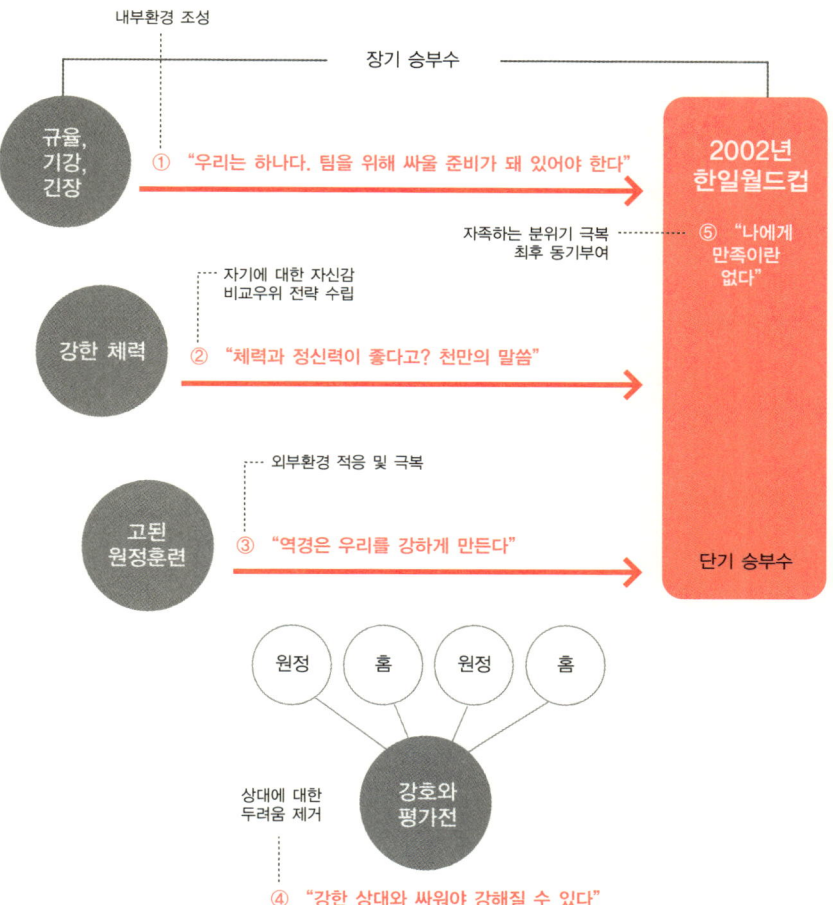

내부환경 조성

장기 승부수

규율,
기강,
긴장

① "우리는 하나다. 팀을 위해 싸울 준비가 돼 있어야 한다"

2002년
한일월드컵

자족하는 분위기 극복
최후 동기부여

⑤ "나에게
만족이란
없다"

자기에 대한 자신감
비교우위 전략 수립

강한 체력

② "체력과 정신력이 좋다고? 천만의 말씀"

외부환경 적응 및 극복

고된
원정훈련

③ "역경은 우리를 강하게 만든다"

단기 승부수

원정   홈   원정   홈

상대에 대한
두려움 제거

강호와
평가전

④ "강한 상대와 싸워야 강해질 수 있다"

자베스를 데리고 간 곳은 수원 월드컵 경기장이었다. 그곳에서는 또 다른 16강전인 스페인–아일랜드전이 열렸다. 그 경기에서 이긴 팀은 8강에 올라 한국–이탈리아전 승자와 4강행 티켓을 다툰다. 히딩크 감독은 그 곳에서 스페인이 승부차기 끝에 아일랜드를 꺾은 걸 끝까지 관전했다. 유럽에서 오래 활동한 히딩크 감독이 스페인과 아일랜드의 전력을 모를 리 없었다. 그런데도 한국대표팀과 함께 하지 않고 또 다른 16강전을 관람했던 이유가 무엇이었을까.

히딩크 감독의 파격행보는 계속됐다. 히딩크 감독은 이탈리아전 바로 전날 유성에서 열린 마지막 훈련에도 모습을 드러내지 않았다. 여느 감독 같으면 16강에 오른 걸 뽐내면서 소위 '폼을 잡고 싶어서' 훈련장에 갔을 것이다. 그러나 히딩크 감독은 그곳에도 없었다.

당시 한국대표팀은 16강 진출에 자족했다. 16강만으로 할 일을 다 했다는 분위기였다. 그걸 히딩크 감독이 모를 리 없었다. 히딩크 감독은 포르투갈전 다음날 아침 식사에서 긴장이 풀린 선수들을 크게 호통쳤다. 히딩크 감독은 "아직도 갈 길이 먼데 너희는 왜 벌써 늘어져 있느냐"며 대노했다. 당시 대표팀 지원스태프로 일한 전한진 대한축구협회 차장은 "소리를 빽 지르는데 정말 화가 잔뜩 난 할아버지 같았다"고 말했다. 그 때 주전 공격수로 활약한 황선홍 부산 감독도 "그렇게 크게 화를 내는 히딩크 감독, 그 때 처음 봤다"고 회고했다.

그날 오후 훈련을 마친 뒤 히딩크 감독은 언론을 통해 "나는 여전히, 여전히 배가 고프다"고 말했다. 언론에 대고 말했지만 그건 선수들을 향한 다그침이었다. 그 날 밤 TV 톱뉴스, 다음날 신문 1면의 제목은 대동소이했다.

"배고픈 히딩크, 더 이기고 싶다."

다시 바짝 긴장한 대표 선수들은 16강에 오른 기쁨을 접고 이탈리아전이 열릴 대전으로 갔다. 그러나 히딩크 감독은 수원 월드컵 경기장으로 가서 스페인-아일랜드전을 관전했고 다
음날 대표팀 최종 훈련도 지휘하지 않았
다. 당시 훈련은 초반 15분만 공개된 뒤
경찰병력의 철통보완 속에 철저하게 비
공개로 진행됐다. 그러나 승부차기 훈
련을 한 것 빼고는 특별한 건 없었다. 언
론은 "이탈리아를 깨기 위한 비밀 전술 훈련을 했다"고 했지만 히딩크 감
독이 원한 건 정신의 재무장이었다. 아무도 예상하지 못한 히딩크 감독의
충격요법에 놀란 선수들은 정신을 바짝 차렸다. 그리고 다음날 우승후보
이탈리아를 2-1로 꺾었다. 그것도 선취골을 내주고 끌려가다가 후반 종료
직전 설기현의 동점골로 기사회생한 뒤 안정환의 역전 골든골로 말이다.

히딩크 감독이 16강에 오른 데 만족하고 평소처럼 대표팀 훈련을 현장
에서 지휘했다면 과연 한국이 이탈리아를 꺾을 수 있었을까. 이용수 교수
는 "히딩크 감독이 그 때 그렇게 선수들을 압박하지 않았다면 한국은 이탈
리아에 3-0, 4-0으로 졌을지도 모른다"고 말했다. 히딩크 감독이 이탈리
아전을 앞두고 던진 승부수는 4강 신화를 이룩하는 결정적인 한수였다.

대 장 은 하 나 , 무 조 건 복 종 하 라

히딩크 감독은 월드컵을 앞두고 4가지 승부수를 던졌다. 모두 시간이 많이
걸려야 이뤄낼 수 있는 것들이었다. 그래서 히딩크 감독은 한국대표팀을
맡는 첫 순간부터 그걸 하나씩 실행에 옮겼다. 4가지 승부수는 ▲내부 환
경 조성 ▲외부 환경 적응 및 극복 ▲자기 자신에 대한 자신감 극대화 및
비교 우위 무기 개발 ▲상대에 대한 두려움 제거였다.

출발은 내부 환경 조성이었다. 네덜란드, 스페인 등에서 세계적인 팀을 이끌어본 명장의 눈에 한국 선수들의 행동은 미숙하고 어이없게 보였다. 그래서 히딩크 감독은 첫 소집부터 강력한 체질개선에 돌입했다. 단체생활을 할 때는 통일된 복장을 입게 했다. 휴대폰도 쓰지 못하게 했다. 훈련도 함께 시작해 함께 끝냈다. 식사도 감독이 오면 함께 먹기 시작했고, 식사가 모두 끝날 때까지 아무도 먼저 일어나지 못하게 했다. 세수를 하지 않고 식사하는 걸 금지시켰고, 슬리퍼를 끌고 나와 식사하는 것도 용납하지 않았다. 시간을 분단위로 지키게 하는 등 빡빡한 규율도 많았다. 히딩크 감독이 원하는 모습은 축구팀이 아니라 군대에 가까웠다.

이뿐만이 아니었다. 히딩크 감독은 훈련 스케줄을 선수들에게 미리 알려주기는커녕 자기 마음대로 바꾸기도 했다. 훈련 내용도 바로 직전 코칭스태프 미팅에서 하기로 한 프로그램과 딴판으로 진행될 때도 종종 있었다. 선수들은 혼란스러워했고 코칭스태프도 무척 당황했다. 히딩크 감독이 왜 그렇게 자의적으로 행동했을까. 축구만의 고유한 특성이 그 답을 제시해준다.

축구에는 작전타임이 없다. 전후반 90분 동안 감독이 선수들에게 지시할 수 있는 시간은 하프타임뿐이다. 경기 도중 감독이 내리는 지시가 효과를 보려면 상당한 시간이 걸린다. 수많은 관중이 운집한 가운데 감독이 지르는 소리가 선수 전원에게 전달되기 힘들다. 주장을 통해 메시지를 전달해도 그게 선수 전원에게 알려지려면 최소한 10분 이상이 필요하다. 농구나 배구 등 다른 단체종목은 감독이 수시로 작전타임을 불러 작전을 바꾸고 선수를 교체할 수 있다. 그러나 축구는 11명 주전 이외에 교체가 가능한 선수는 3명뿐이다. 게다가 일단 뺀 선수는 다시 들어갈 수 없다. "축구 경기는 감독이 아니라 선수들이 하는 것이며 승리하는 것도 감독이 아니라 선수들이 잘한 덕분"이라는 축구 감독들의 한결같은 소감이 그래서 나왔다.

히딩크 감독은 거기에 부합하는 팀이 되기를 원했다. 한국 선수들이 군인처럼 대장인 감독에게 절대 복종하고 어느 때나 감독이 명령만 내리면 항상 최고 기량을 보일 수 있는 투사가 되기를 희망했다. 한국 선수들은 기본적으로 희생정신과 단결력이 강하다. 그런 장점들을 히딩크 감독은

| 초기 히딩크호 나이에 따른 일방통행식 소통 |

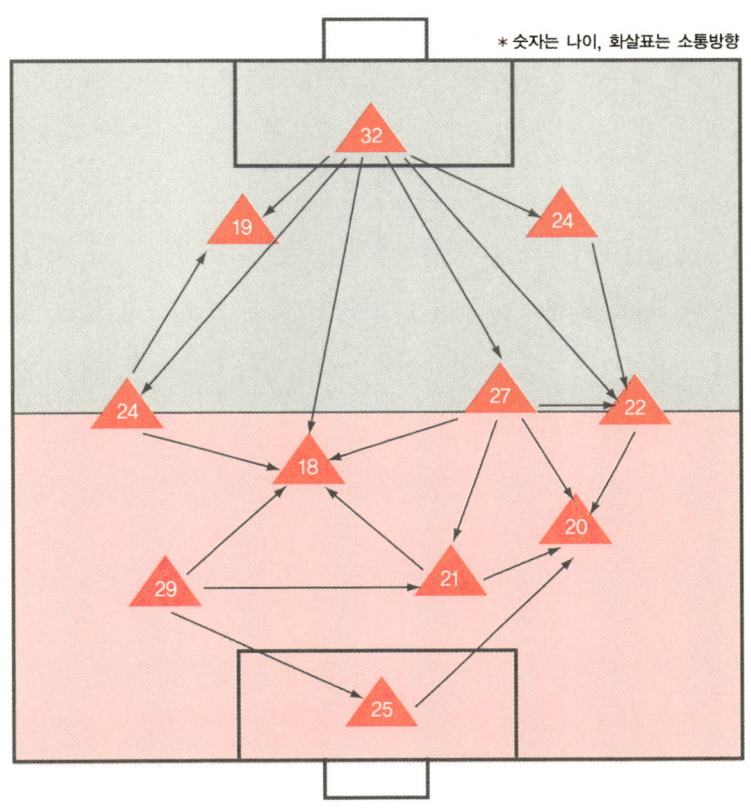

* 숫자는 나이, 화살표는 소통방향

기강과 규율, 긴장과 준비로 한데 묶었다. 그렇게 히딩크 사단은 군대처럼 변했다.

그러던 어느 날. 히딩크 감독은 코칭스태프에게 그림141페이지 참조을 보여주며 심각하게 말했다. 나이가 많은 선수들이 어린 선수들에게 지시할 뿐 어린 선수들이 나이 많은 선배들에게 자기 의사를 표현하지 못하는 상황을 고스란히 반영한 그림이었다. 히딩크 감독은 나이차가 쌍방향 소통을 가로 막는 걸 불만으로 여겼다. 짧은 순간, 아주 작은 실수 또는 아주 작은 변화가 큰 승부를 가르는 게 축구다. 히딩크 감독은 선수 전원이 어떤 상황 속에서도 아무런 제약 없이 긴밀하고 원활하게 소통해야만 월드컵에서 강한 상대를 이길 수 있다고 판단했다. 그 때부터 히딩크 감독은 모든 선수들에게 '형'이라는 호칭을 빼고 이름만 짧게 부르게 했다. 그리고 식사도 매번 서로 자리를 바꿔 앉아 먹게 했다. 홍명보 황선홍 최진철 김태영 유상철 등 고참 5명이 항상 함께 밥을 먹는 모습도 그날로 끝이었다. 그날부터 나이에 상관없이 모든 선수들이 함께 어울려 밥을 먹었다. 훈련도 '형', '선배'라는 호칭 대신 서로 짧게 이름만 부르면서 했다. 거침없는 쌍방향 소통이라는 카드는 자칫 심하게 경직될 수 있는 군대식 분위기에 숨통을 틔워줬다. 이용수 교수는 "선후배 가릴 것 없이 서로 의견을 적극적으로 주고받는 식사 자리는 왁자지껄한 시장 골목으로 변했고 그 분위기가 훈련장까지 그대로 이어졌다"면서 "선수들간의 활발한 소통은 식탁에서부터 시작됐다"고 회고했다.

그렇게 한국대표팀은 군대처럼 똑같은 목표를 위해 일사불란하게 움직이면서도 내부적으로는 끊임없이 용트림하고 꿈틀거리는 생명체로 변해갔다. 희생정신, 단결심이 강한 한 명 한 명의 힘이 한 곳에 모였다. 그리고 선수들은 동일한 목표를 향해 전진하는 과정에서 생기는 많은 난관을 함께 극복했다. 그게 히딩크 사단 조직문화의 처음과 끝이었다.

히딩크 감독은 부임 초기 코칭스태프에게 자기 축구 철학을 다음과 같이 설명했다.

"축구에서는 독재만이 성공할 수 있다. 대장은 한 사람이어야 하고 다른 사람들은 일사불란하게 대장을 따라야 한다. 너희도 축구에서만큼은 나에게 절대 복종하라."

히딩크 감독은 축구계 독재를 이루기 위해 철저하게 의도된 대로 움직였다. 일이 당초 계획대로 진행되든, 완전히 다른 방향으로 바뀌든 모든 건 히딩크 감독 손안에 있었다. 히딩크 감독은 사전에 다양한 시나리오를 치밀하게 짜놓은 뒤 상황에 따라 노회하게 카멜레온처럼 변신했다. 빈틈 없는 설정에 이은 완벽한 연기. 히딩크 감독이 축구 독재자로 군림한 비결이었다.

체 력 전 , 히 딩 크 가 찾 아 낸 숨 은 1 인 치

히딩크 감독은 2000년 12월 18일 처음으로 입국해 19일 감독 계약을 체결했다. 그리고 곧바로 일본으로 건너가 20일에 열린 한-일전을 관전했다. 그리고는 바로 다음날 한국으로 돌아온 뒤 네덜란드 출국을 준비하고 있었다. 그 때 이용수 기술위원장이 히딩크 감독에게 비디오 테이프 10개를 건네줬다. 최근 한국대표팀 및 올림픽대표팀 평가전 영상이었다. 그걸 갖고 네덜란드로 갔다가 돌아온 히딩크 감독은 2001년 1월 9일 울산에서 대표팀을 처음으로 소집했다. 그 날 밤 히딩크 감독은 한국대표팀에 대해 이렇게 평가했다.

"10개 테이프를 모두 5번 이상 봤다. 한국대표팀의 문제는 체력이다. 모두 후반 20분부터 체력이 떨어지면서 조직이 급격하게 무너졌다. 팀은 계속 흔들렸고 패스 한 방에 실점했다. 경기 템포도 들쭉날쭉했다. 한마디로 한국 선수들은 배터리가 나간 장난감이었다."

히딩크 감독의 이 같은 평가는 충격적이었다. "기술이 떨어질 뿐 체력과 정신력은 최고"라는 국내 전문가들의 기존 분석과는 완전히 달랐기 때문이다. 그런 여론에 히딩크 감독은 전혀 반응하지 않았다. 1년 6개월 내내 가장 많은 시간을 투자한 건 체력훈련이었다. 체력은 전술상 최대 승부수였다.

체력은 단기간에 완성될 수 없다. 체력을 세계적인 수준으로 끌어올리려면 많은 시간이 필요하다. 그래서 히딩크 감독은 울산에서 진행된 첫 훈련부터 강도 높은 체력훈련을 실시했고 2002년 3월 스페인 전지훈련, 5월 제주합숙훈련을 거쳐 체력을 완성했다. 왜 히딩크 감독은 기술도, 조직도 아닌 체력을 가장 먼저 택해 가장 늦게까지 중시했을까.

기술은 20대가 되면 거의 늘지 않는다. 성인이 되면 경기 운영의 묘와 경험은 쌓이지만 새로운 기술을 배우는 것은 불가능에 가깝다. 그리고 월드컵이 열리는 6월이면 유럽 국가들은 국내 리그를 마친 뒤 체력이 고갈될 시기다. 반면 그 때 한국은 국내 리그가 한창 진행될 때라 체력에서 상대적으로 앞설 수 있다. 거기에 오랜 체력 훈련까지 더해진다면 우리가 체력적인 면에서 차지할 수 있는 우월함은 상상을 초월한다. 히딩크 감독은 한국이 1년 반 후 치를 월드컵에서 기술이 좋은 강호들에 비교해 비교 우위를 점할 수 있는 무기로 체력을 꼽은 것이다. 지칠 줄 모르는 강한 체력을 앞세워 상대보다 한 발짝, 두 발짝 더 뛰면서 상대가 갖고 있는 기술을 무력화시키겠다는 게 히딩크 감독의 노림수였다. 게다가 강한 체력은 강호와 싸워도 해볼 만하다는 자기 자신에 대한 자신감을 극대화시킨 원천도 됐다.

호사가들은 "2002년 월드컵에서 한국이 보여준 플레이는 세계 최고 수준"이라고 호들갑을 떨었다. 그러나 실제로 한국이 보여준 플레이는 원시적인 힘을 바탕으로 한 단순하면서도 강력한 체력 축구였다. 그게 선진축구든, 아니든, 그건 전혀 중요치 않다. 중요한 점은 그게 한국이 세계적인 강호들과 대등하게 맞설 수 있는 유일하면서도 가장 정확한 전략이었다는 점이다.

거칠게 싸워라, 투쟁심이 필요하다

히딩크 감독은 여러 차례 장기간 해외 전지훈련을 다녀왔다. 그 때마다 국내 전문가들은 '월드컵이 홈에서 열리는데 장기 원정훈련이 왜 필요한가?'라며 '차라리 국내에서 머물면서 더 많이 훈련하는 게 훨씬 효과적'이라고 주장했다. 그러나 히딩크 감독의 생각은 완전히 반대였다.

2002년 1월 초. 한국은 미국을 거쳐 우루과이까지 가는 해외전지훈련을 시작했다. 무려 40일짜리 장기 전지훈련이었다. 한국은 미국에서 전지훈련을 하면서 북중미 골드컵에 출전했다. 미국 코스타리카 캐나다에 패했고 쿠바 멕시코와는 비겼다. 2무 3패. 그런데 한국은 골드컵이 끝난 뒤 우루과이로 이동했다. LA에서 마이애미까지 6시간, 공항 대기 4시간, 마이애미에서 아르헨티나 부에노스아이레스까지 11시간, 부에노스아이레스에서 1시간 기다린 뒤 다시 우루과이 몬테비데오까지 갔다. 단 한 차례 평가 전을 치르기 위한 이동치고는 살인적이었다. 골드컵 부진에서 비롯된 심리적인 압박감, 경기를 계속 치르면서 누적된 피로감으로 선수들도 기진맥진했다. 거기에 히딩크 감독이 애인 엘리자베스를 전지훈련지로 데려온 것도 악영향을 미쳤다. 결국 한국은 우루과이 원정에서도 1-2로 패했다. 40일 동안 미국과 우루과이에서 전지훈련을 하면서 치른 A매치 결과는 2무 4패, 참담한 결과였다. 그 때가 국내 여론이 가장 나빴다. 그런 부담감을 무릅쓰고 히딩크 감독이 장기 원정훈련을 고집한 이유는 무엇일까.

월드컵은 한국에서 열린다. 그리고 한국이 이겨야할 상대는 한국보다 강한 전력을 가졌다. 거기에 대비하는 방법은 국내에서 훈련하면서 외국팀을 부르거나, 반대로 해외로 나가 그곳에서 외국팀과 싸우는 것 등 크게 둘이다. 그 중 히딩크 감독이 택한 건 후자였다. 이유는 간단하고 명확했다. 해외로 나가면 우리는 모든 게 불리하지만 외국팀들은 모든 게 유리해진다. 그런 상황 속에서 우리가 힘겨운 싸움을 벌이면 홈에서 경기할 때 배울 수 없는 걸 많이 배울 수 있다. 홈팀이 어떻게 나올 때 원정팀이 어려움을 겪는지, 홈팀이 판정에서 어떤 어드밴티지를 누리는지 등 말이다.

그렇게 원정에서 원정팀으로 겪은 교훈과 경험은 한국이 홈에서 열릴 월드컵에서 어떻게 원정팀과 싸워야 하는지를 미리 알려줬다. 그전까지 한국대표팀은 너무 온순했다. 히딩크 감독도 "한국 사람, 한국 선수들은 너무 나이스하다. 그런데 나이스한 게 축구를 잘하는 데는 도움이 되지 않는다"고 입버릇처럼 말했다. 히딩크 감독은 한국 선수들이 신사가 아니라 싸움닭이 되기를 원했다. 그리고 한국 선수들은 고되고 힘든 장기 원정을 통해 극한 상황 속에서도 살아남을 수 있는 강한 투사로 거듭났다. 그리고

일시	경기(장소)	상대	결과	득점선수
2001년 1월 24일	칼스버그컵(홍콩)	노르웨이	2-3 패	고종수 김도훈
1월 27일		파라과이	1 (6PK5) 1 승	고종수
2월 8일	두바이 4개국 대회(UAE)	모로코	1-1 승	유상철
2월 11일		UAE	4-1 승	송종국 유상철 설기현 고종수
2월 14일	덴마크		0-2 패	
4월 25일	LG컵(이집트)	이란	1-0 승	김도훈
4월 27일		이집트	2-1 승	하석주 안효연
5월 25일	평가전(수원)	카메룬	0-0 무	
5월 30일	컨페더레이션스컵 (한국)	프랑스	0-5 패	
6월 1일		멕시코	2-1 승	황선홍 유상철
6월 3일		호주	1-0 승	황선홍
8월 15일	평가전(체코)	체코	0-5 패	
9월 13일	평가전(대전)	나이지리아	2-2 무	이천수 최용수
9월 16일	평가전(부산)	나이지리아	2-1 승	김도훈 이동국
11월 8일	평가전(전주)	세네갈	0-1 패	
11월 10일	평가전(서울)	크로아티아	2-0 승	최태욱 김남일
11월 13일	평가전(광주)	크로아티아	1-1 무	최용수
12월 9일	평가전(서귀포)	미국	1-0 승	유상철
2002년 1월 19일	북중미 골드컵(미국)	미국	1-2 패	송종국
1월 23일		쿠바	0-0 무	
1월 27일		멕시코	0 (4PK2) 0 무	
1월 30일		코스타리카	1-3 패	최진철
2월 2일		캐나다	1-2 패	김도훈
2월 13일	평가전(우루과이)	우루과이	1-2 패	김도훈
3월 13일	평가전(튀니지)	튀니지	0-0 무	
3월 20일	평가전(스페인)	핀란드	2-0 승	황선홍(2골)
3월 26일	평가전(독일)	터키	0-0 무	
4월 17일	평가전(대구)	코스타리카	2-0 승	차두리 최태욱
4월 27일	평가전(인천)	중국	0-0 무	
5월 16일	평가전(부산)	스코틀랜드	4-1 승	안정환(2골) 이천수 윤정환
5월 21일	평가전(서귀포)	잉글랜드	1-1 무	박지성
5월 26일	평가전(수원)	프랑스	2-3 패	박지성 설기현

그게 한국으로 돌아와 경기장에서 그대로 구현됐다.

이용수 기술위원장은 "월드컵 직전 제주도에서 마지막 전지훈련을 하는데 당시 훈련멤버로 들어와 있던 어린 선수들은 선배들이 거칠게 잡아당기고 못살게 구는 통해 아주 혼쭐이 났다"고 말했다. 그렇게 해도 심판들이 웬만해서는 홈팀의 파울을 선언하지 않는다는 걸 한국 선수들은 장기 원정에서 미리 경험했던 것이다.

이처럼 강해진 대표팀의 투쟁심은 월드컵 본선에서 빛을 발했다. 한국은 거칠기로 악명 높은 포르투갈, 이탈리아와 맞서 심리적으로 위축되기는커녕 오히려 더욱 거칠고 더욱 집요하게 상대를 괴롭혔다. 한국 선수들의 담력은 상대의 거친 플레이가 나올 경우 심판에게 경고와 퇴장을 요구할 정도까지 커졌다. 그 모든 게 오랜 원정훈련을 통해 체득한 자산이었다.

강팀과의 평가전, 져도 진 게 아니다

2002년 한일월드컵 개막을 한 달 정도 앞둔 시점. 대한축구협회는 마지막 세 차례 평가전 일정을 발표했다. 상대는 스코틀랜드 잉글랜드 프랑스였다. 월드컵 본선에 나서지 못하는 스코틀랜드와 평가전은 반감이 거의 없었다. 그러나 이후 '축구종가' 잉글랜드, '디펜딩 챔피언' 프랑스와 맞붙은 두 차례 평가전에 대한 반대여론은 거셌다. 당시 국내 전문가들은 "잔치를 앞두고 망신당할 짓을 할 필요가 없다"면서 "약한 팀을 데려와서 우리가 준비해온 플레이를 맘껏 하면서 승리하고 그 분위기를 본선까지 이어가는 게 중요하다"고 주장했다. 그럴 듯하게 들린 그런 주장은 얼마 되지도 않아 맥없이 꽁무니를 감췄다.

148

한국은 스코틀랜드를 4-1로 꺾었다. 그리고 잉글랜드와는 1-1로 비겼고 프랑스에는 2-3으로 패했다. 당시 한국 선수들이 중요하게 생각한 건 스코틀랜드전 승리가 아니라 프랑스전 패배였다. 설기현 홍명보 박지성 등 모든 선수들은 "프랑스전이 우리가 갖고 있는 능력을 폭발시키면서 자신감을 극대화한 계기가 됐다"고 입을 모았다. 그게 히딩크 감독의 노림수였다.

프랑스는 월드컵이 열리기 1년 전, 대구에서 열린 컨페더레이션스컵에서 한국을 5-0으로 완파한 강호다. 그런데 1년이 지난 뒤 한국은 그랬던 프랑스에 두 골이나 넣고 한 골차로 패했다. 결과는 패배였지만 한국이 얻은 것은 너무 많았다. 0-5로 패한 팀과 1년 만에 다시 싸워 2-3 석패. 게다가 그 팀은 다름 아닌 디펜딩 챔피언. 한국으로서는 져도 진 게 아니었다.

프랑스전을 앞두고 히딩크 감독은 코칭스태프에게 이런 말을 했다.

"프랑스는 우승을 노린다. 그런 팀은 16강 또는 8강 이후에 맞춰 컨디션을 조절한다. 조별리그에서도 최선을 다하지 않는데 심지어 대회 직전, 개최국과 치르는 평가전에서 사력을 다할 리 없다. 프랑스는 컨디션을 조절하면서 다치지 않게 슬슬 뛸 것이다. 그런 프랑스에게 우리가 1년 전처럼 완패하지는 않는다. 적은 골 차로 져도 우리가 이긴 것이나 다름이 없다."

월드컵 직전 프랑스와의 평가전은 바둑으로 말하면 꽃놀이패였다. 그래서 히딩크 감독은 평가전을 치르자는 잉글랜드와 프랑스의 제의에 주저 없이 OK 사인을 냈다. 히딩크 감독은 월드컵을 준비하면서 강팀들과 여러 번 평가전을 치렀다. 그리고 그 때마다 결과는 나빴다. 2001년 5월 25일 프랑스에 0-5로 졌다. 그해 광복절에는 체코에게 역시 0-5로 참패했다. 이 후 '오대영 감독'이라는 비아냥도 들었다. 하지만 히딩크는 신경 쓰지 않았다. 오히려 무기력함에 자신감을 잃은 한국 선수들에게 히딩크 감독은 부드러우면서도 냉철하게 말했다.

"아주 잘 했다. 0-5로 패해도 신경 쓸 필요가 없다. 이 경기는 테스트에 불과하며 큰 목표를 향한 한차례 과정일 뿐이다. 너희가 지금 배운 걸 잊지 않는다면 앞으로는 더 잘할 것이다."

히딩크 감독은 강팀과 평가전에서 옥석을 찾았다. 히딩크 감독은 버거운 싸움을 벌이는 한국 선수들을 끊임없이 주시했다. 체코에게 0-5로 패할 때 두 골을 내주는 데 빌미를 제공한 게 김남일이었다. 이용수 기술위원장은 "김남일을 빼주는 게 좋겠다"는 뜻을 히딩크 감독에게 전달했다. 그 때 히딩크 감독의 생각은 완전히 달랐다.

"두 차례 결정적인 실수를 한 것은 맞다. 그래도 김남일은 심판이 보지 않을 때 상대를 걷어차고 잡아당기는 등 주눅들지 않고 자기 플레이를 끝까지 했다. 그것도 강한 팀과 싸우는 원정경기에서 말이다. 내가 감독으로 부임한 초기 평가전에서 박지성은 살얼음이 깔린 운동장에서도 계속 슬라이딩 태클을 감행했다. 컨페더레이션스컵 멕시코전에서 코뼈가 부러진 유상철은 끝까지 뛰면서 추가 부상 위험에도 불구하고 발이 아닌 머리로 골을 넣었다. 수많은 홈 관중 앞에서 강한 상대를 이겨야하는 게 월드컵이다. 그런 엄청난 압박감 속에서도 자기 플레이를 끝까지 할 수 있는 선수, 나는 그런 선수들이 필요하다."

김남일 박지성 유상철 송종국 등 강팀과의 평가전에서 끝까지 생존한 선수들은 월드컵에서 주축으로 활약했다.

스스로 최고라 믿어야
진짜 최고가 된다

히딩크 감독은 워낙 유
명한 감독이라서 처음
부터 기대가 컸다. 특

히, 프랑스와 체코에게 0-5로 대패한 뒤의 히딩크 감독 모습이 아직도
눈에 선하다. 웬만한 감독이라면 흥분하거나 아예 말을 못했을 텐데
히딩크 감독은 감정 변화가 전혀 없었다. 오히려 침착하게 우리가 잘
한 것과 부족한 점을 짚어줬다. 감독이 흔들리지 않다보니 선수들도
흔들리지 않았다.

히딩크 감독은 내 부족한 점을 너무 잘 알고 있었다. 한 번은 히딩크
감독이 나를 부르더니 "너는 최고인데 왜 위축된 상태로 플레이하느
냐"고 말했다. 그러면서 히딩크 감독은 매일 거울을 보면서 "나는 세
계 최고라고 100번 외치라"고 했다. 그건 정말 내게 필요한 부분이었
다. 그만큼 히딩크 감독은 나를 꿰뚫고 있었다.

나에게 위기도 있었다. 2002년 3월 20일 스페인에서 열린 핀란드전에
서 나는 선발로 출전해 좋은 플레이를 했다. 다음 A매치는 26일 터키
전이었는데 장소가 독일이었다. 나는 그 사이 벨기에 리그 경기를 치
러야 했다. 히딩크 감독은 리그 경기를 마친 뒤 스페인으로 다시 돌아
와서 함께 독일로 가자고 했다. 하지만 나는 벨기에와 독일이 가까우
니까 독일로 바로 합류하겠다고 말했고, 그렇게 했다. 그런데 독일에서
본 히딩크 감독 표정은 싸늘했다. 그의 제안을 거절한 탓이다. 그는 모
든 선수들이 철저히 자신을 믿고 따를 것을 원했다. 그 대가로 나는 터
키전 선발에서 빠졌고 교체투입 된 시간은 후반 인저리 타임이었다.
그 때 너무 화가 나서 월드컵까지 포기하려고 했다. 그러나 곧바로 마
음을 다잡았다. 만일 그 때 내가 화를 냈다면 그대로 아웃됐을 것이다.
월드컵을 앞두고 5월 제주도에서 마지막 훈련을 하는데 히딩크 감독

이 나를 불렀다. 그리고는 "네 체력은 세계 최고다. 마음껏 뛰어도 절대 지치지 않을 것"이라고 말했다. 그러면서 내 체력이 향상된 걸 보여주는 과학적인 데이터를 함께 제시했다. 그 순간 나는 외국 선수들에 대한 막연한 두려움이 사라졌고 자신감으로 가득 찼다.

나는 월드컵에서 득점찬스를 많이 날렸다. 그러나 히딩크 감독은 한 번도 그걸 지적하지 않았다. 골만 못 넣었을 뿐 내 플레이가 감독이 원하는 플레이였기 때문이다. 그런 믿음 속에 이탈리아전 동점골도 나왔다.

월드컵 후 나는 벨기에 안더레흐트에서 잉글랜드 울버햄튼으로 이적하려고 했다. 그런데 그 때 나는 취업비자를 받을 수 있는 조건인 최근 2년간 A매치 75%를 채우지 못했다. 그 때 히딩크 감독이 흔쾌히 추천서를 써준 덕분에 내가 잉글랜드로 진출할 수 있었다. 월드컵이 끝났지만 히딩크 감독은 나에게는 여전히 고마운 분이다.

– **설기현**(인천 유나이티드 선수)

Contend for Victory

머리부터 발끝까지 챙겨라
단 1퍼센트가 승부를 가른다

한국 쇼트트랙의 살아있는 전설, 전명규

승부처

"뭐 이런 판정이 다 있어!" 1997년 캐나다 몬트리올에서 열렸던 세계쇼트트랙선수권대회. 김동성과 영국의 마크 개그넌, 캐나다의 프레드릭 블랙번이 남자 1,000m에서 금메달을 겨루던 준결승전에서 캐나다 주심은 김동성의 실격을 선언했다. 김동성이 앞서가던 블랙번을 추월하는 순간 오히려 블랙번이 밀었는데도 주심은 김동성의 진로방해를 선언한 것이다. 너무나 어이없는 실격판정. 불같은 성격의 전명규 한국대표팀 감독은 분을 참지 못하고 사고를 치고 말았다. 전 감독은 손에 들고 있던 작전판을 링크 안으로 던졌다. 순간 작전판과 함께 종이가 링크 위에 흩날리며 경기는 중단됐다. 관중석에서는 우~하는 야유가 터져 나왔다. 주변에 있던 다른 나라 코치들이 미처 말릴 틈도 없이 벌어진 일이었다.

쇼트트랙을 포함한 빙상경기에는 불문율이 있다. 얼음판 자체를 신성한 장으로 보는 것이다. 그런데 한 나라의 지도자가 경기 도중 이물질을 링크 위로 집어던졌으니 이것은 얼음판을 모독한 것과도 같다. 당연히 국제빙상연맹(ISU)의 중징계가 예상되는 사안이었다.

배짱 두둑한 전 감독도 곧바로 후회를 했지만 자신의 힘으로는 징계를 피할 수 없는 상황. 지도자로서 최대의 위기를 맞이한 것이었다. 왜냐하면 ISU의 징계가 내려지면 이듬해 열릴 예정인 1998년 나가노동계올림픽 때 그는 한국팀 벤치에 설 수 없는 것은 물론이며, 지도자로서 수년간 활동하지 못하게 될 운명에 처하게 되는 것이다.

하지만 그런 일은 벌어지지 않았다. ISU 코치협의회 대표였던 영국 감독을 비롯한 다른 나라 코치들이 ISU에 전 감독을 위한 진정서에 사인해서 제출했다. 각국의 코치들이 진정서에 사인한 것은 석연치 않은 심판 판정에 대한 무언의 항의이자 전 감독에게 보내는 신뢰의 표시였다.

ISU는 이를 받아들여 가벼운 구두 경고조치로 전 감독 사건을 마무리 했다. 만약 그때 ISU가 전 감독에 대해 자격정지와 같은 중징계를 내렸다면 한국 쇼트트랙의 운명은 어떻게 변했을까? 15년간 국가대표팀을 이끌며 780개의 메달을 따낸 '전명규 신화'도 없었을 것이다. **뼛속 깊이 흐르는 그의 불타는 승부욕은 지도자로서의 생명까지도 걸 수 있을 만큼 강하다.**

전명규 감독 약력

- 생년월일 : 1963년 3월 23일

- 출생지 : 강원도 철원

- 출신학교 : 서울체고–한국체육대학교

- 1987년~1990년 쇼트트랙 국가대표 코치

- 1990년 체육훈장 백마장

- 1991년~1995년 쇼트트랙 국가대표 코치

- 1991년~1994년 체육훈장 거상장 체육훈장 맹호장 대한민국 체육상(지도상)

- 1995년~2002년 쇼트트랙 국가대표 감독

- 1998년 제4회 코카콜라 체육대상(우수지도상)

- 1998년 자황컵(한국체육기자연맹) 지도상

- 2000년 체육훈장 청룡장

- 2000년~단국대학교 대학원 체육학 박사(이학박사)

- 2000년~2003년 평창올림픽 유치위원회 위원

- 2002년~한국체육대학교 체육학부 교수(현재)

- 2005년~2010년 체육과학연구원 객원연구원

- 2005년~2014년 평창올림픽 유치위원회 IOC평가준비위원

- 2008년~2010년 대한빙상경기연맹 전무이사, 기획부회장

- 2009년~대한체육회 통합정관개정위원회 위원

- 2010년~2018년 평창올림픽 유치위원회 기술위원회 위원

- 2012년~대한빙상경기연맹 부회장(현재)

● "야, 이겼다." 서울시내 한 빌딩 엘리베이터 앞. 거구의 한 남자가 엘리베이터에서 내리더니 이렇게 외쳤다. 옆 칸의 엘리베이터보다 먼저 도착한 엘리베이터를 두고 외친 이 한 마디에 동승했던 사람들은 어리둥절했다. 그러나 그를 아는 사람들은 충분히 이해하고도 남는다. 그의 승부욕은 누구든 고개를 흔들게 만든다. 엘리베이터를 타면서도 먼저 가기 위해 승부욕을 드러내는 남자. 그가 바로 한국 쇼트트랙의 살아 있는 전설 전명규 전 국가대표 감독이다.

전명규 감독이 승부사적 기질을 발휘해 세계 대회에서 따낸 메달 기록을 살펴보면 눈이 휘둥그레 질 수밖에 없다. 전 감독은 1988년 캘거리올림픽부터 2002년 솔트레이크시티올림픽까지 15년 동안 쇼트트랙 국가대표팀을 코치와 감독으로 지도했다. 그가 지도한 한국 국가대표 선수들이 각종 국제대회에서 따낸 메달의 수는 총 780개. 특히 캘거리올림픽부터 솔트레이크시티올림픽까지 다섯 번의 올림픽에서 '전명규의 아이들'은 금메달 13개, 은메달 4개, 동메달 4개를 따냈다. 태권도 양궁 레슬링 등 대한민국 메달박스 종목을 통틀어도 이처럼 많은 메달을 딴 사례가 없다. 누구도 이같은 '메달 공장장' 역할을 해냈던 지도자는 없다. 그가 조련해낸 스

160

타들도 즐비하다. 한국 쇼트트랙의 효시라고 할 수 있는 김기훈 이준호부터 김소희 채지훈 전이경 김동성 안현수 최은경 등 '전명규의 아이들'로 표현할 수 있는 올림픽 메달리스트는 18명에 달한다.

　전 감독의 승부욕은 아직 끝나지 않았다. 지금은 코치가 아닌 교육자로 강단에 서 있으면서도 스피드스케이팅 선수 육성에 열과 성의를 다하고 있다. 전 감독은 "나는 선수생활을 제대로 해보지 못한 반쪽 선수였다"고 말한다. 그래서 더욱 후배들을 열성으로 지도한다. 현역시절 장거리 빙상 선수로 이루지 못했던 꿈을 후배들이 이룰 수 있도록 조련에 애쓰고 있다. 2010년 밴쿠버올림픽 스피드스케이팅에서 이상화 모태범 이승훈 등 한국체육대학 소속 3총사가 나란히 금메달을 목에 건 역사적인 사건을 기억할 것이다. 그들이 금메달을 딸 수 있던 배경에는 전 감독이 버티고 있다. 그의 도전은 아직도 진행형이다.

99%로는 안 된다, 마지막 1%까지 대비하라

183cm, 90kg의 전명규 감독은 한때 얼음판의 호랑이였다. 그가 나타나면 선수들은 바짝 긴장했다. 우람한 체격도 그렇지만 짙은 눈썹에 쩌렁쩌렁 울리는 큰 목소리는 선수들을 항상 긴장하게 만들었다. 혹독한 훈련으로도 유명했다. 지금은 체벌이 금기시되는 상황이지만 1980년~1990년대만 해도 부모들이 먼저 지도자에게 '아이들을 두들겨 패서라도 금메달을 따게 해 달라'고 부탁하던 시절이었다.

　전 감독이 선수 부모들의 치맛바람과 지도자의 길을 위협하는 숱한 유혹 속에서도 15년간 장수하며 좋은 성적을 낸 이유는 선수들에 대한 헌신과 승리를 위한 치밀한 전략이 있었기 때문이다.

전 감독이 해외 전지훈련이나 대회에 출장하면 가장 먼저 하는 일이 있다. 호텔에서 경기장까지 가는 길을 사전에 먼저 돌아보는 것이다. 어린 아이들을 데리고 간 것도 아닌데 무슨 쓸데없는 짓이냐고 반문할 수도 있겠지만 전 감독은 이런 작은 부분도 놓치지 않는다. 혹시 모를 낙상사고에 대비하는 것이다. 그러나 이렇게 조심을 해도 사고가 나기도 한다.

1994년 노르웨이 릴레함메르올림픽 때의 일이다. 노르웨이는 북반구에 있는 나라여서 겨울철 평균 기온이 영하 20도를 넘나들 만큼 춥다. 또 눈이 많이 내려 사람들이 걸어 다닐 때 넘어지거나 웅덩이에 빠질 위험에 항상 노출돼 있다. 그래서 전 감독은 언제나 선수들의 맨 앞에 서서 오리 떼를 이끄는 엄마오리처럼 앞장서서 걸었다. 전 감독은 군인들의 행군처럼 선수들을 일렬로 서게 한 뒤 "여기 미끄럽다. 뒤로 전달", 이런 지시를 내렸다. 하지만 그렇게 세심하게 배려했는데도 한국선수단에게 불상사가 일어났다. 여자팀 에이스였던 전이경이 대회 일주일을 앞두고 얼음판에서 넘어져 다리를 다치는 사고가 발생한 것이다. 당시 여고생이던 전이경은 중국의 장얀메이, 왕슈란 등과 라이벌 관계를 형성하면서 우승을 다투던 상황이었다. 허겁지겁 병원으로 달려갔더니 담당의사는 "대회에 나갈 수 없다"고 진단했다. 4년 동안 땀을 흘리면서 준비해 온 노력이 한순간의 부주의 때문에 날아갈 위기에 처한 것이었다. 전이경은 전이경대로, 전 감독은 전 감독대로 자신의 부주의에 화도 냈다 안타까워했다 발을 동동 굴렀다.

다급해진 전 감독은 중국 팀에 침을 잘 놓는 트레이너가 있다는 소문을 듣고 마

지막으로 그에게 부탁해보기로 했다. 메달을 다투는 라이벌 팀 트레이너에게 도움을 청해야 할 정도로 급박한 상황. 중국 팀 침술사는 떨떠름한 표정을 지으면서도 전이경에게 침을 놓아줬다. 그러면서 중국 팀 침술사는 "중국 팀에는 내가 침을 놔줬다는 이야기를 하지 말아 달라"고 했다. 다행히 전이경의 상태는 호전돼 여자 1,000m와 계주에서 금메달을 따 2관왕에 올랐다.

이후 전 감독의 꼼꼼함은 더해졌다. 독감이 돈다는 소문이 나면 선수들은 전원 마스크를 착용한 채 외출을 해야 했다. 뿐만 아니라 호텔에 방을 잡을 때도 전 감독의 방은 항상 입구 쪽이었다. 방문을 열어 놓고 선수들의 동태를 파악하기 위함이었다. 99%도 안 된다는 것이 전 감독의 생각이었다. 단 1%가 승부를 가를 수 있다는 생각에 어떤 조건에서라도 100% 준비하고 대비해야만 직성이 풀렸다.

그의 꼼꼼함을 알려주는 예는 여러 가지가 있지만 그 중에서도 만물상자가 유명하다. 그가 평소 외국에 나갈 때마다 가지고 다니는 상자 속에는 구급약을 비롯해 생활용품이 들어 있다. 이쑤시개 손톱깎이 면봉에 심지어 코털깎이까지 없는 게 없다. 어떤 사람은 "손톱깎이는 뭐 하러 갖고 다니느냐. 현지에 가서 사면되지"라고 말한다. 하지만 전 감독의 생각은 다르다. 빙상선수가 손톱이나 발톱을 자르고 싶은데, 손톱깎이가 없어서 손으로 뜯거나 칼로 잘라내다가 피가 나거나 다치는 경우가 발생할 수도 있다는 것이다. 그럴 경우 최상의 컨디션을 유지할 수 없기 때문에 조금 불편하더라도 항상 만물상자를 챙긴다는 것이다.

전 감독이 늘 갖고 다니던 물건 중에는 종이와 볼펜도 있다. 선수들에게 종이를 나눠주고 자신의 지금 컨디션이 어떤지 적게 했다. 그리고 경기가 끝나면 반드시 그 경기에 대한 소감을 쓰도록 했다. 이처럼 전 감독은 세계 정상의 선수를 만들기 위해 하나하나까지도 세심하게 생각하고 준비하는 지도자다.

오 직 실 력 만 이 선 발 기 준 이 다

전명규 감독은 "내가 지도자로서 처음 태릉선수촌에 갔을 때 스탠드에 선수들의 부모님들이 지켜보고 앉아 있어서 놀랐다"고 지난 날을 회상했다. 쇼트트랙 선수들이 대부분 중학생과 고교생이어서 자녀들이 어떻게 훈련을 하나 궁금하니까 직접 훈련장을 찾는 거라고 생각할 수도 있다. 그러나 전 감독의 눈에는 그렇게만 비치지 않았다. 경쟁이 치열한 쇼트트랙에서 학부형들은 코칭스태프에 어떤 방법으로든 얼굴을 내밀고 친숙한 관계를 유지하고 싶어 했다. 조금이라도 자녀들이 불이익을 받지 않게 해야 한다는 생각 때문이었다. 전 감독은 이것을 잘 알고 있었다. 당연히 선물공세와 금전공세, 인맥을 통한 위로부터의 압력 등도 많았다.

전 감독은 부임하면서 선수 부모의 연습장 출입을 막았다. 어떤 형태로든 선수 부모들과 접촉을 하게 되면 사람 마음이 흔들리기 마련이고, 그래서 선수기용에 문제가 될 수 있다는 판단 때문이었다. 선수 부모들에게는 "이제부터 아이들 훈련 때 찾아오는 부모들이 있으면 불이익을 주겠다"고 엄포를 놓았다. 이후 학부형의 연습장 출입은 자동적으로 사라졌다. 그래도 명절 때나 특별한 일이 있을 때 선수 부모들의 인사는 그치지 않았다.

하지만 전 감독은 선수 부모들이 건네준 선물은 반드시 선수를 통해 되돌려 줬다.

"이거 네 어머니가 주신 거야. 도로 가져가거라."

이렇게 받은 선물을 되돌려주면 다시는 선물을 가져오는 일이 없었다. 누군가 선물을 건네려고 하면 전 감독은 "나중에 저 은퇴하면 그때 밥이나 사세요. 비싸고 좋은 곳에서요"라는 말로 완곡하게 거절했다. 후일담이지만 전 감독이 국가대표 감독 자리에서 물러난 후 밥을 사겠다고 찾아오는 학부형은 아직까지 단 한 명도 없었다고 한다. 그 선물은 선물이 아니라 거래를 위한 뇌물이었던 셈이다.

1994년 릴레함메르올림픽이 임박했던 어느 날. 전 감독의 선배 한 사람이 특정선수를 뛰게 해 달라고 부탁했다. 그 선배의 위상으로 봐서는 도저히 그 부탁을 거절할 수 없었지만 전 감독은 끝까지 버텼다. 자꾸 그러면 그만 두겠노라고 완곡하게 거절을 했지만 전 감독은 불안했다. 과거 이런 종류의 청탁을 거절했던 선배 지도자들이 어떤 불이익을 받았는지 누구보다 잘 알고 있었기 때문이었다. 그러나 시간이 지나면서 이런 청탁도 사라졌다. 전 감독이 오로지 실력으로만 평가한다는 원칙을 지켰기 때문이다. 전 감독은 훈련을 통해 기록된 순위를 반드시 선수들에게 알려줬다. 또 기록을 토대로 선수를 선발하고 경기에 출전시켰기 때문에 선수들의 신뢰를 얻었다. 전 감독은 실력만으로 선수들을 평가하고, 선수를 선발하는 원칙을 만들어 놓고 철저하게 지킴으로서 승부를 가져갔던 것이다.

전 감독은 대표팀 지도자 때 수없이 해외에 나갔다. 그럴 때마다 현지

교민들은 선수들과 코칭스태프를 융숭하게 대접했다. 한국 식당을 갈 때나 숙소로 올 때에도 자신들의 승용차를 권했다. 그러나 전 감독은 한 번도 선수들과 떨어져 승용차를 타지 않았다. 이유는 단 하나. 자신이 감독이라고 버스가 아닌 승용차를 타고 편하게 이동하면 아이들이 자신을 어떻게 생각하겠는가가 그 이유였다.

전명규 감독이 얼마나 선수의 입장에서 생각했는지를 알게 해주는 일화가 또 있다. 2002년 솔트레이크시티올림픽이 끝나고 난 뒤의 일이다. 전 감독의 귀에 한 선수가 자신을 비난한다는 이야기가 들렸다. 그 선수는 계주에 출전해 금메달을 땄는데도 전 감독의 팀 운영에 불만을 표한 것이다. 다른 지도자들 같았으면 당장 그를 불러 혼을 냈을 것이다. 하지만 전 감독은 그렇게 하지 않았다. 우선 상황파악부터 했고, 그 선수가 착각을 하고 있다는 것을 알았다. 전 감독은 그 선수에게 500m 스타트 훈련을 집중적으로 시켰는데, 정작 그 선수는 계주에만 뛰었고 500m는 뛰지 못해 속이 상했던 것이다.

전 감독은 그 선수를 불러 "너 그런 오해를 그대로 가지고 있으면 영원히 나를 만날 수 없다. 내가 설명할 테니 잘 듣고 응어리를 풀어야 한다"고 설득했다.

사실 전 감독은 그 선수를 계주의 마지막 주자로 점찍어 두고 있었다. 그러나 상대가 어떻게 나올지 몰라 출전선수 명단을 확정하지 못하고 있었고, 만일에 대비해 그 선수에게 단거리 훈련을 병행시켰던 것이다. 만약 상대팀과의 매치에서 어쩔 수 없이 그 선수가 계주 경기에 출전할 수 없게 되면 500m에 출전시키려 했던 것이다. 전 감독은 그 선수에게 "너는 계주에서 금메달을 따지 않았니? 그러니까 마음을 풀어라. 만약에 네가 500m

에 나갔더라면 메달을 따지 못했을지도 모른다"는 말로 그간의 과정을 설명했다. 그 선수는 전 감독의 이야기를 듣고 자연스럽게 오해를 풀 수 있었다.

이처럼 선수를 설득하고 소통에 신경을 쓴 것이 팀 내에서도 치열한 경쟁이 펼쳐지는 쇼트트랙 대표팀을 잘 이끌어 온 비결이었다.

끊임없는 노력과 모범이 리더를 말해준다

전명규 감독의 고향은 춘천이다. 아버지 전인설 선생(작고)은 춘천농고 교사였다. 아버지는 전 감독에게도 제자들에게 했던 것처럼 엄한 교육을 했다. 그 중에서도 "지도자는 모범을 보여야 한다"고 늘 강조했다. 그래서인지 전 감독은 자신이 단순히 기능만을 가르치는 코치가 아닌 교육자라고 생각했다. 결국 그는 국가대표 감독직을 내려놓은 후 대학 강단에 서서 2대째 교육자의 가업을 잇고 있다.

초등학교부터 빙상을 시작한 전 감독은 고교 때 서울에 왔다. 서울체고를 다니면서 혼자 독립적인 삶을 시작했는데, 운동을 하면서도 항상 책을 놓지 않았다. 남들은 운동을 마치고 휴식을 취할 때 학원에 가서 영어와 수학을 배웠다. 당시 서울체고는 태릉선수촌에 있었다. 전 감독은 태릉선수촌에서 청량리 부근에 있는 학원을 다니면서 학업의 끈을 놓지 않았다. 가끔 버스시간을 놓쳐 10시 점호에 늦는 바람에 기숙사 사감선생님들로부터 꾸중을 듣기도 했다.

대학에 입학해서도 학생 전명규는 운동과 함께 일본어, 영어책을 놓지 않았다. 그렇게 공부를 했기 때문에 대표팀 코치가 돼서도 일본 코치들과의 교류가 가능했다. 15년간 태릉선수촌에서 선수들과 지내면서도 석사과

정은 물론 대학원 과정을 마쳤다. 그 결과 2002년 솔트레이크시티올림픽이 끝나고 난 뒤 전 감독은 과감히 지도자의 길을 벗어나 모교인 한국체육대학 교수가 됐다. 당시 몇몇 국가는 전 감독을 초빙하기 위해 아주 좋은 조건을 제시했다. 그 제안을 모두 뿌리치고 전 감독은 모교를 택했다. 이유는 하나, 후진양성을 하고 싶은 생각 때문이었다.

지금도 그는 빙상과의 연결고리를 놓지 않고 있다. 세계선수권대회나 올림픽에는 꼭 참가해 제자들의 경기를 관전하며 감독, 코치를 압박(?)한다. 대학 캠퍼스 내에서도 전 감독의 복장은 항상 트레이닝복이다. 연구실도 한국체육대학 내 빙상장에 있어 항상 창밖으로 쇼트트랙과 빙상선수들을 지켜보고 있다.

끝 없 는 소 통 , 소 통 이 무 기 다

호랑이 선생님 전명규 감독에 대해 제자들에게 물어보면 십중팔구는 "선수시절에는 무서웠지만 서로를 잘 알고 이해했기 때문에 견딜 수 있었다"고 한다.

전 감독이 선수들과 소통을 하는 방법은 여러 가지다. 매일 훈련일지를 쓰게 해 선수들의 심리상태를 파악했고, 1대 1 면담을 자주했다. 본인은 선수들에게 자주 편지를 써 그들을 설득시키고, 마음을 달래줬다.

한 번은 한 선수가 태릉선수촌에서 도둑으로 몰린 사건이 일어났다. 그 선수는 어떻게 하다가 다른 선수의 물건을 옮겨 놓았는데, 선배가 추궁하자 무서워서 거짓말을 하고 말았다. 그때 전 감독은 선수들에게 "나는 **이가 일부러 그랬을 거라 생각하지 않는다. 경솔하게 말하거나 행동하지 말라"고 선수들을 설득했다. 만약 전 감독이 그 때 그 선수를 함께 추궁

했다면 그 선수의 생명은 거기에서 끝났을 지도 모른다. 그러나 전 감독의 배려로 그 선수는 궁지에서 벗어났고, 훗날 대표팀의 기둥으로 성장했다.

영화표도 전 감독이 자주 애용하는 소통의 매개체였다. 어떤 선수가 매일 쓰는 훈련 일지에 '요즘 **영화가 재미있다고 한다'고 쓰면 전 감독은 그 영화의 개봉관 표를 샀다. 그리고 주말에 선수촌을 빠져나가는 그 선수를 불러 미리 사둔 영화표를 건네는 식이었다. 정작 자신은 영화를 즐기지 않으면서도 영화표를 구입한 것은 수백 장이나 된다.

전 감독은 이처럼 선수들과 긴밀히 소통을 하면서도 훈련시간은 단 한 번도 어기는 일이 없었다. 선수들보다 항상 먼저 얼음판에 나가 훈련 준비 상태를 점검했고, 훈련이 끝나고 나서도 가장 늦게 링크를 떠났다. 이 때문에 선수들은 "우리 선생님은 아프지도 않나"라고 말 할 정도였다. 아무리 감독이라도 지각이나 결석 한 번쯤은 할 법한데, 좀처럼 그런 일은 생기지 않았다.

쇼트트랙은 선수들이 아무리 준비를 많이 해도 심판의 주관적 판단으로 인해 경기가 뒤집히는 일이 허다하다. 따라서 심판과의 소통과 관계 설정은 아주 중요한 부분이다. 세계에서 쇼트트랙 국제심판은 대략 20~25명 정도다. 전 감독은 이들 심판에게도 일일이 이메일을 보내며 소통했다. 내용은 감사에 대한 것일 뿐 특별한 게 없었다. '지난 시즌 당신이 도와줘 고마웠다. 덕분에 한국은 좋은 성적을 거뒀다. 비시즌에 한국에 오면 언제든지 가이드를 해주겠다' 는 식의 통상적인 인사였다. 그러나 이처럼 심판들에게 일일이 감사의 편지를 쓰는 감독이 몇이나 될까. 심판들은 그 정성을 높이 사는 것이다.

외국어를 익히는 일도 전명규 감독이 소통을 위해 노력한 일 가운데 하나다. 전 감독은 한때 언론에서 5개 국어를 한다고 알려졌다. 그러나 이것은 사실이 아니다. 속내는 이렇다.

전 감독은 언어야말로 작지만 사람의 마음을 움직이는 무기라고 생각한다. 그래서 국제대회에 나가면 심판 배정을 보고 그 나라 말을 배워 인사를 한다. 2002년 몬트리올에서 열린 세계선수권대회 때 주심은 프랑스 사람이었다. 전 감독은 프랑스인이 좋아하는 말이 무엇인지 물어 '얼굴이 많이 좋아졌다'는 말을 프랑스어로 배웠다. 그리고 현지에서 프랑스 선수에게 발음교정을 받은 뒤 대회 시작 직전 큰소리로 '레프리'를 외쳤다. 영문을 모르는 프랑스 주심이 다가오자 전 감독은 귀엣말로 "당신 얼굴 많이 좋아졌다"고 말했다. 엉뚱한 그의 인사에 프랑스 주심은 씨익 웃으면서 아무 말 없이 자리로 돌아갔다. 그 대회에서 한국은 불이익을 전혀 당하지 않았다. 전 감독의 인사가 통했는지 안 통했는지는 모르지만.

"하이, 빅Big 전."

전 감독이 각종 대회 대표자회의에 참가하면 각국 지도자나 심판들로부터 듣는 소리다. 전 감독이 덩치가 크기 때문에 '빅'을 붙여 부르는 것이다. 쇼트트랙 세계에서 '빅전'이라는 닉네임을 갖고 있는 전명규 감독을 모르는 사람은 없다.

누가, 어느 자리에 적합한지 간파하라

한국이 동계올림픽에서 첫 금메달을 따낸 것은 하계올림픽보다 많이 늦었다. 하계올림픽 첫 금메달은 양정모가 1976년 몬트리올올림픽 레슬링에서 따낸 반면 동계올림픽은 이보다 16년이나 늦은 1992년 알베르빌올림픽에서다. 당시 김기훈은 쇼트트랙 남자 1,000m에서 1위를 차지해 대한민국 동계올림픽 사상 첫 금메달의 주인공이 됐다.

이처럼 동계올림픽 금메달이 늦었던 것은 국력과 무관하지 않다. 동계올림픽 종목은 많은 장비와 시설이 필요하다. 그래서 '부자들을 위한 올림픽'이란 소리도 듣는다. 한국이 동계올림픽에서 두각을 내지 못했던 것도 국력이 약했던 탓이다. 그러나 1970년~1980년대를 지나면서 한국의 경제력은 도약하기 시작했고, 동계올림픽에 대한 준비도 점차 무르익었다. 이런 가운데 한국 동계올림픽의 역사를 새롭게 쓴 전명규 감독이 등장한다.

전 감독은 쇼트트랙이 올림픽 시범종목으로 지정된 1987년부터 국가대표 코치로 지도자의 길을 걷기 시작했다. 그리고 1995년부터는 감독으로 승격됐고 2002년 솔트레이크시티올림픽 때까지 햇수로 15년간 국가대표 선수들을 길러냈다.

2002년 한국체육대학 교수가 된 이후부터 전 감독은 스피드스케이팅 선수 육성에도 힘을 쏟았다. 가장 먼저 전 감독이 발탁한 선수가 이강석이다. 이강석은 힘은 좋았으나 코너웍이 약했다. 그래서 전 감독은 쇼트트랙 훈련을 통해 집중적으로 약점을 보완시켰다. 또 나가노올림픽 500m 우승자인 일본 시미즈의 스타트를 집중 연구했다. 심지어는 한국에 그를 초청해 이강석 등 한국 스프린트 선수들과 함께 훈련을 하도록 했다. 그 결과 이강석은 2006년 토리노올림픽에서 500m 동메달을 따냄으로써 첫 성과를 올렸다. 이어 발굴해 낸 선수가 2007년 유니버시아드대회 10,000m에서 동메달을 따낸 김명석이다.

이 같은 성과에 고무된 전 감독의 자신감은 이상화 모태범 이승훈으로 이어져 2010년 밴쿠버올림픽에서 대첩을 이끌어냈다. 특히 이승훈은 원래 쇼트트랙 선수였다. 이승훈이 올림픽 대표선발전에서 탈락하자 그의 지구력과 큰 키에 주목한 전 감독은 스피드스케이팅 장거리 선수로 전환할 것을 권유했다. 그 결과 이승훈은 밴쿠버올림픽 남자 5,000m 은메달에 이어 10,000m에서 금메달을 따내 전 감독의 기대를 200% 충족시켰다. 올림픽 스피드스케이팅 장거리 종목 금메달은 빙상 선진국을 자부해 온 일본도 해내지 못했던 쾌거다.

대회마다 선보인 신기술, 세계가 주목하다

납조끼, 호리병주법, 날 들이밀기, 변칙 터치……. 세계 쇼트트랙을 호령하고 있는 전명규 감독이 각종 대회에서 선보였던 비장의 카드들이다.

전 감독이 만든 이 무기들은 어찌 보면 자신이 직접 고안해 낸 것이 아니다. 육상 등 다른 분야에서 사용되고 있는 것을 쇼트트랙에 접목시킨 것일 뿐이다. 릴레함메르올림픽을 1년 앞둔 1993년. 쇼트트랙 대표선수들은 비상이 걸렸다. 당시 한국 대표선수들은 체력이 너무 약했다. 이 때문에 전 감독은 선수들의 체력을 키울 방법이 절실히 필요했다. 그 때 찾아낸 방법이 납조끼였다. 전 감독은 선수시절 납조끼를 입고 달리기 훈련을 하다가 납조끼를 벗고 뛰면 몸이 가벼워져서 날아갈 것 같았던 느낌을 떠올렸다. 그러나 납조끼 훈련은 얼음판에서는 해본 적이 없었다.

전 감독은 선수들에게 일주일에 2~3번 납조끼를 입혀서 빙상훈련을 시켰다. 그리고 선수들이 납조끼를 벗고 스케이트를 타는 모습을 비디오로 촬영해서 스포츠과학연구소에 분석을 요청했다. 과연 얼마나 효과가 있는지 확인하기 위해서였다. 사실 납조끼는 그 자체만으로는 훈련 효과가 없었다. 하지만 전 감독이 노린 것은 다른 데 있었다.

당시 언론은 납조끼를 입고서 하는 훈련을 두고 이렇게 썼다. '가녀린 몸에 쇠조끼를 입고 피땀을 흘리는 선수들⋯⋯.' 기사 속에서 전 감독은 선수들을 가혹하게 훈련시키는 호랑이로 둔갑했고, 선수들은 그 처절한 훈련을 이겨내고서야 금메달을 딴 전사가 된 것이다. 이 기사 덕분에 전 감독은 태릉선수촌에 입촌한 선수들을 편하게 지도할 수 있었다. 쇼트트랙 국가대표가 되려면 쇠조끼를 입고 피나는 훈련을 해야 하고, 그 지옥 훈련을 감내해야 올림픽에서 금메달을 딸 수 있다는 것을 선수들에게 각인시키게 된 것이다. 1994년 릴레함메르올림픽은 납조끼가 만든 기적이었다.

1998년 나가노올림픽에서는 '날 들이밀기'라는, 또 한 번 전명규식 기술이 소개돼 세계 쇼트트랙 관계자들을 경악시켰다. 이 기술은 쇼트트랙 규정을 이용한 발상이다. 즉, 육상에서는 어느 선수의 가슴이 먼저 결승선을 통과 했는가를 따져 순위를 가리지만 쇼트트랙은 선수의 스케이트 날을 기준으로 한다. 전 감독은 긴박한 순간 결승선에서 다리를 앞으로 내밀어 스케이트 날이 몸보다 먼저 통과하는 훈련을 일찍부터 시켜왔다. 그리고 나가노올림픽 남자 1,000m 결승에서 김동성이 이 기술을 선보였다. 사실 김동성은 2위와 엇비슷하게 결승선에 도착했지만 발을 쭉 뻗음으로서 금메달을 따 낸 것이다. 이후 중국 일본 캐나다 등 세계 각국 선수들은 이 '날 들이밀기'를 시도했다. 한국이 개발해 낸 기술을 세계가 받아들인 것이다.

전 감독의 기술개발은 거기에서 그치지 않았다. 2002년 솔트레이크시티올림픽에서는 계주에서 또 한 번 깜짝쇼가 펼쳐졌다. 여자계주는 한국이 전통적으로 강세를 보였던 종목이다. 그러나 한국은 전이경이 은퇴하면서 전력이 많이 약해졌다. 반면, 양양A 양양S 왕춘루 선단단이 뛰던 중국은 경기력이 최고조에 달해 있었다. 어찌 보면 전력상 열세였다. 그러나 마지막 8바퀴를 남기고 이변이 일어났다. 보통 계주는 한 선수가 1.5바퀴를 돌고 교대를 한다. 그런데 한국은 주민진이 8바퀴를 남기고 교대를 하지 않고 한 바퀴를 더 돌았다. 상대가 교대를 하는 사이 주민진이 계속 달려서 상대를 따돌린 뒤 다음 선수와 교대를 한 것이다. 이 후 한국은 중국의 추격을 따돌리고 금메달을 목에 걸었다.

이 변칙적인 교체작전은 전 감독이 선수들의 특성과 상대방의 약점을 치밀하게 파고든 연구의 결과다. 이런 예측 불가능한 다양한 전략과 전술을 폈던 한국 때문에 국제무대에서 라이벌 팀 지도자들은 '한국 선수들이 이번에는 무슨 작전을 들고 나오려나' 하면서 주목을 할 수밖에 없었다.

리더는 진짜 리더를 알아본다

전명규 감독은 "삼성그룹의 전폭적인 지원이 오늘날 세계 정상을 달리고 있는 한국 빙상뿐만 아니라 자신을 있게 한 또 하나의 원동력"이라고 말한다. 전 감독이 무려 15년간 대표팀을 이끌며 최장수 쇼트트랙 지도자의 길을 걸었던 데는 빙상연맹 후원사인 삼성의 영향이 절대적이었다.

삼성은 1997년부터 빙상연맹을 지원했고, 이건희 회장의 탁구 선생님이었던 박성인 회장현 명예회장이 협회를 이끌었다. 이때부터 빙상연맹의 살림은 윤택해졌다. 턱없이 부족한 예산 때문에 일본에 국한됐던 선수들의 해외 전지훈련지는 이후 유럽, 캐나다 등으로 확대됐다. 덕분에 국가대표 선수들은 덩치 큰 서양 선수들과 연습경기를 치르면서 시야도 넓어졌고,

상대 선수들을 잘 파악하게 되면서 새로운 전술과 전략을 세워 나갈 수 있었다. 그리고 유럽의 기술까지도 받아들이기 시작한 것이다.

박성인 회장과 전 감독의 첫 만남은 불편하게 시작됐다. 박성인 회장은 전 감독을 만난 자리에서 "전 감독은 파쇼처럼 선수를 다룬다고 들었다"고 했다. 이는 전 감독이 호랑이 선생님이라 불린다는 것을 소문으로 들은 박 회장이 긴장감이 흐르는 훈련장 분위기를 바꾸기 위해 건넨 농담이었다. 하지만 이를 알아차리지 못한 전 감독은 기분이 상하고 말았다. 그날 전 감독은 박 회장을 쳐다보지도 않았다. 그리고 속으로 다짐했다.

'겉으로 훈련하는 모습만으로 평가 받기 싫다. 세밀하고 치밀한 내 훈련을 성적으로 입증하겠다.'

전 감독은 자신의 다짐을 1998년 나가노올림픽에서 금메달 3개, 은메달 1개, 동메달 2개로 입증해 보였다. 이후 두 사람은 바늘과 실이 됐다. 박성인 회장은 전 감독을 삼성화재에 취직시켜 생활의 안정을 찾게 했고, 2002년 솔트레이크시티올림픽까지 지휘봉을 맡겼다.

전 감독은 "내 인생에서 박성인 회장을 만난 것은 최고의 행운이었다. 그 분을 통해 좁았던 시야가 넓어졌고 사회의 경륜을 익혔다"고 했다. 특히 교수가 되고 나서 전 감독은 "박성인 회장의 인품과 인간적 관계 형성의 면면을 가까이에서 보면서 늘 나의 부족함을 느꼈다"면서 "그를 만난 것이 스포츠 지도자이기에 앞서 보다 성숙된 인간으로서의 자신을 재발견하는 계기가 되었다"고 말했다.

전설적인 선수가 탄생하기까지 많은 사람들의 노력과 희생이 숨어있듯이 성공한 스포츠 지도자에게는 그 화려한 이력만큼 구구절절한 스토리가 있다. 스포츠 현장에서 전명규 감독처럼 장기간 선수, 동료 지도자, 언론

등 다양한 이해 당사자들과 함께하며 급변하는 환경 속에서 자기 혁신을 해온 지도자를 찾아보기는 쉽지 않다. 지도자로서의 전 감독의 역량은 오히려 해외에서 더 높게 평가받고 있다. 세계적인 쇼트트랙 감독으로써 그가 이룬 업적은 선수 선발, 훈련 방법, 기술 개발, 게임 전략, 팀 운영관리 등의 모든 영역에서 신화적인 스토리로 전해지고 있다.

그래서인지 전 감독은 요즘 잘 나가는 강사로 소문나 있다. 삼성그룹을 비롯한 대기업 임원들의 인기 강사로 각광받고 있다. 그가 걸어왔던 승부사로서의 스토리는 '리더십' 이라는 제목으로 바뀌었다. 그가 이뤄낸 성공의 비결은 바로 '빙판의 리더십' 이었던 것이다.

긍정적 탐문으로 극복하라

전명규 감독님을 처음 만난 것은 대구 정화여중 1학년 때인 1989년이다. 벌써 24년이나 흘렀다. 국가대표에 뽑혀 태릉선수촌에서 처음 뵈었을 때는 그는 정말 무서운 분이었다. 키만 크신 게 아니라 목소리도 어찌나 큰지.

하지만 감독님은 훈련 외적인 부분에서는 정말 잔잔한 감동을 주었다. 내가 한동안 부상으로 슬럼프에 빠져 있을 때, 훈련일지에 고민거리를 작성한 적이 있었다. 어느 날 그 훈련일지를 보신 감독님은 내게 장문의 편지를 보내주었다. 편지의 내용을 요약하면 감독님이 선수시절 겪었던 슬럼프 극복 경험담과 초심으로 돌아가라는 응원의 메시지였다.

그리고 '가장 좋았던 시절과 최고의 컨디션을 회상하라'는 긍정적 탐문(appreciative inquiry)과 함께 힘든 시기를 이겨내는 방법은 오로지 자기 자신밖에 없으니 결코 포기하지 말라는 조언이 담겨 있었다.

이 편지는 나에게 무한한 용기를 주었다. 그 당시에는 생각지도 못했던 감독님의 자상한 모습을 보고 매우 놀랐다. 감독님의 진심을 알고 나니 새로운 각오로 다시 훈련에 임하게 되었고, 재도전의 힘을 얻을 수 있었다. 이처럼 감독님은 무섭고 강하게 선수들을 대하지만, 때로는 선수들의 감성을 자극하는 내유외강 스타일의 리더십을 구사하는 데 탁월한 능력을 지녔다.

감독님은 우리 선수들을 훈련시키는 동안 틈틈이 학업에도 열중하셨고 과학적 훈련기법을 현장에 도입했다. 한국 여자 선수들의 가장 취약했던 부분이 단거리에서의 스타트(출발)였다. 감독님은 이를 극복하기 위한 다양한 훈련 기법과 프로그램을 선수들에게 적용시키고 이와 더불어 동작분석을 통한 과학적 접근을 데이터에 기반해 피드백을 주는 등 개개인에게 적합한 맞춤형 스타트 방법을 추천해 주었다. 이런 감독님의 끊임없는 노력과 분석, 그리고 연구하는 모습 덕에 나는 선수생활을 하는 동안 내내 행복했다.

– **김소희**(1994년 릴레함메르올림픽 금메달리스트 · 서울대 체육학 박사)

상식을 뒤엎어라
적당히 타협하지 마라
고집스럽게 한 길을 가라

녹색 다이아몬드의 우승 청부사 '야구의 신', 김성근

승부처

첫 판을 또 졌다. 에이스 김광현을 내세운 1차전. 올해 만큼은 한방 먼저 먹이고 시작하려고 했지만 계산은 또 어긋나고 말았다. 2008년 10월 26일 인천 문학구장. SK와 두산의 한국시리즈 리턴매치. 두산 선수들은 승부처다 싶으면 눈에 불을 켜고 덤벼들었다. **전년도 한국시리즈에서 먼저 2승을 하고도 내리 4연패한 치욕을 씻어내려고 다짐 또 다짐한 모습이었다.** SK는 2회 김재현의 솔로 홈런으로 1-0으로 앞섰으나 두산의 압박을 좀체 떨쳐내지 못했다. 5회 동점을 내준 뒤 6회에는 대타 최준석의 좌익선상 2타점 2루타로 1-3으로 리드를 빼앗겼다. 그 뒤로 반전은 없었다. 2-5, 두산이 전년도처럼 1차전을 가져갔다.

SK 벤치의 김성근 감독은 비로소 승부에 녹아들고 있었다. 1패를 안고 감독실로 향하던 길에 1차전을 여러 각도에서 리플레이 했다. 1패가 달가울 리 없었지만 이번 시리즈도 잡을 수 있다는 확신을 얻었다. 두산 벤치의 전략과 전술이 눈에 들어왔다. 선수들의 움직임도 보였다. **"두산이 변하지 않았구나. 작년 한국시리즈와 비슷하구나. 결과도 그렇게 갈 수 있겠어."**

김 감독은 2차전 이후 싸울 방법을 찾아갔다. 전년도 치욕을 씻으려는 두산의 조급함이 보였다. 허점이 보였다. 두산이 초조함을 감추지 못하고 이기려고 덤벼드는 게 야신(野神)의 날카로운 눈에 포착됐다. 김 감독은 2차전만 잘 넘기면 우리가 잡을 수 있겠다는 판단이 섰다.

한국시리즈는 2차전 이후 김 감독의 시나리오대로 돌아갔다. 두산은 2007년 한국시리즈처럼 철저히 단기전 모드로 나왔다. 3인 선발 로테이션이었다. 1차전 선발인 랜들이 사흘을 쉬고 4차전에 또 나왔다. 전년도 1, 4차전 두산 선발로 리오스가 등판했던 것과 똑같았다. 하지만 김 감독의 생각은 달랐다. 숱한 승부를 치르면서 단기전도 페넌트레이스의 축소판이라는 결론을 얻은 터였다. 김 감독은 1차전 선발 김광현을 5차전으로 돌리며 여유를 갖고 4인 로테이션으로 꾸렸다. 그 결과 SK는 2차전을 잡은 뒤로 갈수록 체력싸움에 우위를 보이며 내리 4연승. 전년도 재판인 '리버스 스윕'을 완성했다. 경기를 읽는 야신의 탁월한 능력이 다시 한 번 빛을 발한 것이다.

김성근 감독 약력

- 생년월일 : 1942년 12월 13일

- 출생지 : 일본 교토

- 신장 : 180㎝

- 체중 : 82㎏

- 출신교 : 일본 가쓰라 고교-동아대학교

- 1961년 교통부 선수

- 1962년~1968년 기업은행 선수

- 1969년 마산상고 감독

- 1972년~1975년 기업은행 감독

- 1976년~1979년 충암고 감독

- 1979년~1981년 신일고 감독

- 1982년~1983년 OB 베어스 투수코치

- 1984년~1988년 OB 베어스 감독

- 1989년~1990년 태평양 돌핀스 감독, 페넌트레이스 3위 PS 진출 돌풍

- 1991년~1992년 삼성 라이온즈 감독

- 1996년~1999년 쌍방울 레이더스 감독, 1996년 페넌트레이스 2위 PS 진출, 1997년 페넌트레이스 3위 PS 진출

- 2001년~2002년 LG 트윈스 감독, 한국시리즈 준우승

- 2005년~2006년 일본프로야구 지바 롯데 코치

- 2007년~2011년 8월 SK 와이번스 감독, 2007년~2008년 한국시리즈 2연패, 2010년 한국시리즈 우승, 1999년 한국시리즈 준우승, 2010년 일구상 대상

- 2011년 12월~ 독립구단 고양 원더스 감독

● 2002년 한국시리즈에서의 분패. 그 해 가을야구에서 얻은 뼈저린 교훈이 없었다면 2007년과 2008년 한국시리즈 역전 드라마는 언감생심 실현 불가능한 일이었을지 모른다. 김성근 감독은 2007년과 2008년 두산을 만났을 때에도 LG 사령탑이던 2002년 한국시리즈를 떠올렸다.

2002년 가을, 삼성 김응용 감독은 한국시리즈에 선착해 있었지만 살얼음 위를 걷는 것처럼 여유라곤 찾아보기 힘들었다. 우승청부사로 삼성에 온 지 2년째. 전년도 한국시리즈에서 준플레이오프부터 점프해온 두산에 일격을 당한 터에 또 한 번 준플레이오프부터 치고 올라온 팀을 만난 것이 찜찜했다. 혹여 실패를 가정하자면 부담은 더 커졌다. 코끼리란 별명이 붙을 정도로 우람한 체구에 해태에서 한국시리즈 우승을 아홉 차례나 이룬 김응용 감독이었지만, 40년을 그라운드에서 마주한 김성근 감독의 눈에는 그런 모습이 여과 없이 들어왔다. 김성근 감독은 틈을 봤다.

"대구 1차전을 위해 벤치에 들어가는데 삼성 벤치를 보니 저쪽은 우승 못하면 안 되는 팀이구나, 그런 게 보였어. 그런 입장이면 사람이 얼마나 몰릴까 싶기도 하고 말이야. 그 순간, 김응용 감독이 작아 보이는 거야."

느낌대로였다. 삼성 벤치는 압박감이 심한 듯했다. 5차전까지 3승 2패로 앞섰지만 여유 있는 팀은 오히려 LG였다. 대구로 이동해 벌어진 6차전 역시 LG 흐름으로 넘어갔다. 8회 초까지 점수는 9-5. LG는 멀찌감치 달아나고 있었다. 8회 2점을 내고 1사 1·2루에서 사인 미스로 9번 김우석이 희생번트 기회를 날려버린 게 LG 입장에선 아쉬웠지만 웬만해선 뒤집힐 경기가 아니었다.

삼성은 이제 입으로 후 불면 날아갈 것 같았다. 그러나 있는 힘껏 불어버릴, 단 한 번의 입김이 없었다. 불펜은 지쳐 있었다. 8회 2사 뒤 올라온 마무리 이상훈이 9회 1사 1·2루로 몰린 끝에 삼성 이승엽에게 동점 3점 홈런을 맞고 말았다. 교체 등판한 최원호까지 마해영에게 끝내기 홈런을 맞고 6차전과 시리즈는 급작스럽게 막을 내렸다.

김 감독은 2007년 한국시리즈 두산전에서 승리하며 단기전 4인 로테이션을 정착시켰다. 3인 선발 로테이션으로 나온 두산을 2년 연속 제압하는 과정에서 4인 로테이션이 위력을 발휘했기 때문이었다. 단기전 4인 선발 로테이션은 2002년 패전에서 배운 소득이었다.

"LG에서는 실패한 거였어. 이상훈을 막무가내로 썼거든. 결국에는 단기전 싸움이나 페넌트레이스 싸움이나 똑같구나 싶은 거야. 단기전 만의 운용은 없더라고. 선발투수는 70~80개 던지면 사흘 쉬고 나올 수 있겠지만 100개 이상이라면 나흘 쉬고 나와야 정상이야. 단기전도 똑같아. 나흘 간격으로 등판했다면 그 안에 회복과 조절 기간이 있는데, 그걸 채우지 못하고 사흘 만에 등판하면 공에 힘이 떨어지게 돼 있어."

불펜투수 기용법 또한 대동소이했다. 그 해 한국시리즈에서 이상훈은 6차전까지 4경기에 등판했다. 기아와 플레이오프 5경기에서는 4경기, 현대

187

와 준플레이오프 2경기에서는 모두 나왔다.

김 감독은 마무리 이상훈 기용횟수를 빗대어 단기전 투수 활용법을 재정리했다.

"7차전까지 가서 이긴다고 계산하면 되거든. 한국시리즈라면 어차피 세 번까지는 져도 되고 네 번을 이겨야 끝나는 게임이잖아."

김 감독은 그해 초조함에 절어 있던 삼성을 그로기 상태로 몰고도 투수진 체력 안배를 못해 끝내기를 못한 것이 못내 아쉬웠다. 2008년 김경문 감독이 이끄는 두산 벤치를 보며 그 옛날, 삼성 벤치의 다급함을 다시 엿봤다. 김 감독은 장기전을 감안한 선발 로테이션을 구상했다. 시리즈 후반으로 가면서 힘 싸움에서 압도해 갔고, 결국 우승을 가져왔다. 김 감독이 시도한 단기전 4인 로테이션은 이제 프로야구 단기전의 정석이 됐다.

상식은 상식적인 결과만 낳는다

오소독스Orthodox. 사전적 의미는 정통파다. 김 감독은 오소독스라는 말을 '상식'이란 의미로 해석해 쓴다. 김 감독은 승부의 세계에서 '상식적'인 것을 아주 싫어한다. 상식적인 방법으로는 상식적인 결과밖에 얻을 수 없기 때문이다. 김 감독은 "'오소독스'한 것, 바로 상식에서 벗어나야 한다. 있는 전력을 얼마나 극대화시킬지 여부는 리더의 발상에서 나온다"고 했다.

김 감독은 훈련 상식부터 파괴했다. 12월을 비활동 기간으로 확보하려는 프로야구선수협의회의 저항, 훈련비를 줄이려는 구단의 반대 등이 있었지만 겨울 훈련을 포기하지 않았다. 꿋꿋이 소신을 지켰다.

"요즘 강의하다가 이 얘기를 하면 사람들이 놀란다. 내가 SK에 있던 5

년 동안 4월 성적이 81승 5무 28패^{승률 0.743}였어. 나는 우리 팀을 4월 개막에 베스트로 맞추는 걸 목표했던 거야. 다른 팀 선수들은 감각이 올라오지 않을 때다 보니 우리가 초반부터 강할 수밖에 없었던 거야."

김 감독은 2006년 말 SK 사령탑으로 부임한 뒤 강공 드라이브를 걸었다. 크리스마스 직전인 12월 23일이나 24일까지 홍백전을 했다. 타 팀보다 열흘은 앞선 1월 6일이나 7일 해외 캠프지로 떠났다.

"우린 1년 내내 시합 속에 있었다. 홍백전도 페넌트레이스처럼 했다. 보통 홍백전이라고 하면 그렇게 안 하는데 우린 필사적으로 했다."

SK 선수들에게 4월 개막전은 설렐 만큼 새롭고 낯설지 않았다. 공백 자체가 없었기 때문이다.

김 감독은 스케줄 잡는 법도 독특하다. 가령 지금이 1월 6일이고 4월 6일이 페넌트레이스 개막이라고 가정하면 1월 7일부터 일정을 잡아가는 보통의 사람들과 달리 그는 4월 5일부터 거꾸로 내려온다.

"개막 일주일 전부터는 버스 타고 지방을 돌아다니며 원정 경기에 대비해. 또 4월 1일쯤 휴식일로 정하면 조금 더 내려와 3월 말은 한 번쯤 페이스를 다운시켜야 하니 또 어떻게 하고, 그런 식으로 짜내려오다 보면 지금 시점으로 돌아오게 돼."

김 감독은 시즌 일정이 나왔다 하면 1년 치 전 구단 선발 로테이션을 짠다. 김 감독은 수작업으로 1년의 시뮬레이션을 펼친다. 다른 구단과 가상 대결을 통해 구체적인 월간 목표 승수와 시즌 목표 승수를 얻는다.

"남의 팀 로테이션을 내가 만들어본다고. 스케줄 보면 언제 우리랑 경기에 나올지 쭉 계산이 되잖아. 그 뒤로 우리 팀 선발투수들 하고 1년 내내 짝을 만들어 놓는 거야. 어려운 경기, 이기는 경기 계산을 하다보면 시즌

75승이나 80승 목표도 나오게 되지."

김 감독은 매번 '상식'과 부딪힌다. 선발 싸움에서 밀리는 경기. 상대 선발투수와 맞서기 위해 계투작전을 펼칠 때면 '변칙'이란 소리도 꽤 들었다. LG 감독대행이던 2001년에는 덩치가 산만한 거포 양준혁을 출루율이 높다는 이유로 과감히 1번 타자로 기용하기도 했다. 양준혁 본인도 다른 감독과 함께 할 때는 상상도 못했던 일이었다.

"상식은 정해져 있는 결과로 가는 것이다. 비상식은 정해진 것이 없다. 체력의 한계다 뭐다 말하는 것도 상식이다. 비상식으로 가야 한계치가 사라진다. 잠재력이라는 것도 비상식적 움직임에서 나온다."

글은 곧 약속이다

1995년 10월. 김성근 감독은 1990년 창단 뒤 1군 무대 5년째 꼴찌를 맡아놓고 하던 쌍방울 레이더스 지휘봉을 잡았다. 김 감독은 쌍방울 유니폼을 입자마자 선수들을 제주도로 데려가 12월이 되도록 마무리 훈련을 했다.

제주 캠프에 도착하자마자 선수들에게 백지 한 장씩을 건넸다. 쌍방울 4번 타자 김기태 앞에도 종이 한 장이 놓였다. 설문지인가 싶어 읽어봤더니 내용이 묘했다. '술은 얼마나 마시는지', '담배는 얼마나 피는지' 같은 문항이 나오더니 마무리 캠프에서의 개인 목표와 야구를 하는 이유까지 물었다.

김기태는 솔직하게 답을 적었다. '술은 적당히, 그리고 담배는…….' 김기태는 다른 문항에서도 가감 없이 생각을 적어 냈는데, 특히 겨울 훈련에 대한 생각이 직설적이었다. '이 기간에 왜 이렇게 훈련을 해야 하는지 도무지 모르겠습니다.'

"이 녀석 봐라."

마음에 없는 훈련이 효과가 있을 리 없었다. 김기태는 이듬해 4월 프로
야구 개막으로 접어들며 주춤하기 시작했다. 쌍방울 입단 뒤 처음으로 내
부 경쟁을 해야 했다. 더군다나 입단 2년째인 국가대표 출신 왼손타자 심
성보가 중심타자로 치고 올라왔다.

김 감독은 김기태를 경쟁의 중심으로 집어넣었다. 심성보 기용횟수를
늘렸다. 급기야 김기태를 선발 라인업에서 제외시켰다. 스타플레이어가
많지 않던 쌍방울에서는 사건과 다름없었다. 그라운드 안팎에서 팀의 리
더나 다름없던 김기태로서도 자존심에 큰 흠집이 났다.

"내가 기태를 일부러 경기에 안 내보냈어. 또 그 때는 심성보가 아주 좋
기도 했고."

그러던 어느 날, 갑자기 김기태가 사라졌다. 아무리 찾아도 보이질 않았다.

"그냥 확 집에 가버린 모양이야. 화가 났겠지. 어떻게 할까, 생각하다
그냥 찾지 않았어. 사흘 동안 아예 찾질 않았어."

목마름의 싸움. 더욱 답답한 쪽은 김기태였다. 얼마 뒤, 김기태는 조용
히 돌아왔고, 그때서야 김 감독 체제 안에서 서서히 자기 길을 찾아갔다.
김기태는 그 해 91경기에 출전해 타율 2할 9푼 7리에 12홈런 53타점으로
상대적으로 아쉬운 성적을 냈지만, 입단 이후 처음으로 경쟁 속에 들어가
도약할 채비를 했다.

"처음에 기태를 보니까, 야구를 모르는구나 싶더라고. 그런데 함께 하
면서 조금씩 달라지는 게 보였어. 스스로 '연습은 이렇게 하는 거구나' 느
껴가더라고."

김기태는 그 해 겨울 마무리 캠프에서도 여러 문항이 담긴 종이를 받았

191

다. 이전과 똑같은 질문에 그는 '이 시기에 왜 훈련이 필요한지 알았다'고 답했다. 이듬해인 1997년, 김기태는 타율 3할 4푼 4리에 26홈런 79타점으로 다시 가파른 상승곡선을 탔다.

"SK에서도 그랬어. 가을에 연습할 때 한 번 글을 쓰게 해. 또 가을훈련 끝나고 나서 또 한 번 쓰게 해. 가을훈련 성과는 어땠는지, 또 이듬해 스프링 캠프 시작할 때까지 어떻게 움직일지 쓰게 하는 거야. 스스로 확인하는 거야. 글은 곧 약속이거든."

높은 곳에 갈수록 외롭다

2001년 4월. 이광은 감독 체제의 LG는 나락으로 떨어지고 있었다. 급기야 시즌 초반 1승 9패로 몰리자 김성근 LG 2군 감독을 1군 수석코치로 불러 올렸다.

김 감독이 1군에 합류하고 나선 첫 부산 원정길. 김 감독은 선수들 태도가 영 마음에 들지 않았다. 그러던 중 첫 날 경기를 치르려 하는데, 사직구장 3루 덕 아웃 맨 앞줄에 앉아 있던 양준혁이 벤치 앞 난간에 다리를 올려 놓고 있는 게 아닌가. 김 감독은 양준혁을 불렀다.

"야 임마, 너 다리 내려. 그게 파울볼 피하라고 만들어 놓은 거지. 너 다리 올려놓으라고 만들어 놓은 거야? 꼴 보기 싫다."

그 날 밤, 이광은 감독은 김 감독에게 선수단 미팅을 맡겼다. 김 감독은 양준혁을 또 쳐다봤다.

"도대체 네 태도가 뭐냐?"

프로야구 전체 넘버1을 다툴 정도의 스타였던 양준혁은 당황했다. 1993년 프로 유니폼을 입은 뒤로 이렇게 무방비 상태로 욕을 먹어본 적이 없었

기 때문이다.

양준혁은 슬슬 눈치를 보기 시작했다. '김 감독님이 왜 그러시지…….'

또 하루는 덕 아웃에서 눈을 마주쳤는데 인사할 타이밍을 놓치고 말았다. 김 감독이 또 다가왔다.

"너 나하고 눈 마주쳤지? 왜 인사 안 해?"

20대에도 경험하지 못했던 꾸지람을 서른 넘어 연일 듣다보니 양준혁은 김 감독만 보면 몸이 경직되지 않을 수 없었다. 그러던 중 잠실 홈경기를 마치고 1루 덕 아웃에서 3루쪽 라커룸으로 가던 길에 김 감독이 슬며시 양준혁 곁에 섰다. 양준혁은 '이번에는 또 뭘까' 싶었다.

하지만 김 감독의 목소리는 의외로 부드러웠다.

"준혁아, 애들 앞에서 나한테 야단맞기 싫지? 네가 뭘 해야 하는지 아니?"

양준혁은 "네" 하고 짧게 답했다.

그 후 양준혁의 움직임이 달라졌다. 그야말로 고참으로서 솔선수범했다. 김 감독은 그 해 가을 마무리 캠프 미팅에서 양준혁이 김재현과 함께 맨 앞줄로 나와 있던 것을 또렷하게 기억했다.

김 감독을 따르는 고참들은 꽤 많다. 양준혁도 은퇴 뒤 존경하는 지도자로 김성근 감독을 첫 손가락에 꼽았다. 그는 "감독님은 나에게 야구의 세계가 얼마나 넓고 깊은지 깨닫게 해준 분이다"라고 말했다.

김 감독은 '진실은 통한다'고 했다.

"감정을 갖고 누구를 혼내는 것은 리더의 자격이 없다. 조직 안에서 필요하다 싶어 야단도 치는 것이다. 감정이 실리지 않은 꾸지람을 해야 받아들이는 선수들에게도 진심으로 전달된다."

김 감독이 LG 감독이 된 2001년 가을. 오키나와 마무리 캠프에서 양준혁은 급작스럽게 FA^{자유계약선수}가 된다. FA 자격 연수가 한해 당겨진 덕분이었다. 김 감독은 양준혁 문제를 놓고 당시 LG 권혁철 사장과 오키나와의 해변을 두 바퀴나 돌며 설득 작업을 했다.

"양준혁이 참 순해요. 보통 효자가 아니에요. 효자 중에 나쁜 아이 없습니다. 꼭 좀 잡아주세요."

그러나 돌아오는 답변이 시원치 않았다. 아무래도 양준혁이 프로야구선수협의회 결성의 주동세력으로 낙인찍힌 것이 결정적인 것 같았다. 김 감독은 양준혁을 살릴 길을 찾아야 했다. 양준혁을 불렀다.

"너 지금부터 어딜 가든 입 다물어라."

양준혁은 얼마 뒤 삼성 김응용 감독의 부름을 얻어 친정 복귀에 성공했다. 김 감독도 그때서야 마음을 놓았다.

김 감독은 스타플레이어를 끌어가는 힘을 이렇게 정리했다.

"높은 곳에 갈수록 사람이 그리운 법이야. 야단쳐줄 수 있는 사람이 없거든. 진정한 스타플레이어는 야단쳐주는 사람이 오히려 반가운 거야. 요즘 지도자들이 보면 이름 난 선수들을 다루질 못해. 야단칠 걸 못 치면서 오히려 배타적으로 돌리더라고. 뒤에서 '그 녀석이 나쁘다'는 둥의 말을 하면서 말이야. 지도자라면 진실로 꾸짖을 줄도 알아야 해. 야구는 야구고 교육은 교육이거든."

야 구 도 , 기 업 도 적 당 히 는 안 된 다

2011년 7월 12일 잠실 SK–LG전. SK가 0–2로 끌려가던 8회 초 무사 1·2루, 톱타자 정근우 타석. 정근우가 3루 쪽으로 번트를 댄 것이 파울이 됐

195

다. 이후 볼카운트가 몰린 끝에 삼진. SK는 황금 찬스를 무위로 돌렸다. 정근우는 그날 밤, 현장요원과 함께 차를 타고 50km쯤은 달려가야 하는 인천 문학구장 실내훈련장을 다녀왔다. 피칭머신을 마주하고 보내기 번트 연습을 1,000개는 한 뒤 새벽 3시께 서울 원정 숙소로 돌아왔다.

희생번트 사인을 냈는데 자신도 살겠다고 3루 쪽 세이프티 번트를 시도하다 경기 흐름을 망친 것에 대한 체벌이었다. 어쩌면 흔히 나오는 실수였다. 그런데도 번트 실수 한 번에 홈구장을 다녀오게 했으니, 정근우로서는 푸념이 나올 만도 했다. 팀의 간판선수로서 주위 시선을 의식하자면 무척 창피한 일이었다. 그러나 김성근 감독은 경기에서 일어나는 아주 작은 부분에 초점을 맞춘다.

"그럴 때 난 야단을 치지 않는다. 그렇다고 보고만 있지도 않는다. 실패에 대한 위기의식을 느껴야 하거든. 그냥 두면 조직은 실패 속에 그냥 굴러간다. 실패했다면 시행착오 속에 집어넣어야지. 조그만 부분을 강하게 해놔야 그 조직이 강해지거든."

김 감독은 가령, 20-0으로 사실상 승부가 난 경기에서도 주루사 하나 갖고 시끄러울 수 있게 할 수 있는 팀을 원한다.

"그렇게 안하면 플레이 자체가 티미해진다둔해진다. 적당히 하는 거야. 그런 걸 갖고 야단칠 수 있어야 해. 바깥에서는 그런 모습이 독하다고 하고, 또 나 보고 야비하다고도 하거든. 그런데 그런 거 소홀히 하면 중요한 게임에서 다시 그런 장면이 나오고 말아."

김 감독이 이끌던 SK는 그래서 '독한 야구'를 한다는 소리를 들었다. 5-0, 10-0에서도 전력으로 추가점을 뽑으려면 다른 팀들은 '너무 한다'며 볼멘소리를 내기 일쑤였다. 보이지 않는 곳에서 비난도 있었다.

김 감독은 요즘 기업체 초청으로 강연을 나가 비슷한 질문은 받는다. '독한 야구'에 관한 것이다.

"감독님, 경기 하다 보면 조금 쉽게 가는 것도 필요한 것 아닌가요?"

김 감독은 그럴 때마다 되묻는다.

"들어보세요. 여러분들 회사가 1년 흑자 목표가 100억이라고 쳐요. 그런데 그게 상반기에 달성됐다고 해봐요. 그럼 하반기에는 그냥 놀아요? 반대로, 목표를 크게 잡아놨는데 거기에 맞추지 못해 적자가 났다고 해봐요. 그럼 그냥 놔둬요? 적자 만회하려고 안간힘 쓰겠지요. 그게 또 맞춰진다고 그냥 있겠어요? 다시 흑자로 가려고 하겠지요. 그게 리더가 해야 할 일입니다."

김 감독은 자신의 인생살이와 SK에서 했던 야구를 한 마디로 정리했다.

"김성근 야구하면 철두철미한 야구다."

'없다'는 건 이유가 아니다

2009년 한국시리즈 7차전. SK는 광주 1·2차전을 기아에 모두 내주고도 반격에 나선 끝에 3승 3패, 승부를 원점으로 만들었다. 최후의 단판승부, SK는 기선을 잡았다. 3-1로 앞선 6회 초 대타 김강민의 희생 플라이와 박재상의 적시타로 5-1로 달아났다. 그러나 지친 불펜진은 벤치의 계산 밖에 있었다. 십시일반으로 선수 공백 여파를 줄여왔지만 경기수가 쌓이면서 그 또한 한계 상황에 도달한 것이었다. 에이스 김광현과 안방마님 박경완이 부상으로 뛰지 못한 포스트 시즌. 불펜의 핵인 정대현마저 부상으로 정상 피칭이 어려워지며 여기저기 구멍투성이였다. 한국시리즈 들어와서도 잘 버텼지만 종착역을 앞두자 불펜싸움에서 약세를 보이고 말았다.

197

리드하는 폭이 야금야금 좁혀지더니 어느새 5-5. 1점 싸움으로 마주한 9회 말이 되자 던질 투수조차 없었다. 그 때 지원자가 나타났다. 4차전 선발등판에 이어 6차전에선 마무리로 나왔던 채병용이었다.

"제가 나가겠습니다. 어차피 시리즈 끝나면 수술할 텐데, 제가 던지겠습니다."

채병용의 눈물 나는 투혼은 정말 눈물로 끝나버렸다. SK 편에선 비정할 만큼 완벽한 '새드 엔딩'이었다. 9회 1사 뒤 KIA 나지완의 방망이 끝에서 끝내기 솔로 홈런이 터졌다. 그것으로 2009년 프로야구도 끝이 났다.

김 감독은 부상 선수를 언급하지 않았다. 그들에 대한 아쉬움도 나타내지 않았다. 재일교포 신분으로 혈혈단신 밟은 한국 땅. 어차피 출발부터 혼자였다. 학연 지연 혈연, 어느 하나 기댈 곳이 없었다. '뭐가 없어서 못했다'는 말은 김 감독에게는 애초부터 성립되지 않았다.

"2009년 한국시리즈에서 김광현 박경완 정대현이 아팠다. 그래도 경기에서 졌다면 그저 현실에서 진 것이다. 사람이 없어서 졌다 말하기 시작하면 그 자체로 패자다. 내가 대한민국에 왔을 때 아무것도 없었다. 뭐 없어서 못했다고 하면 난 죽어야 했다. 없는 속에서 길을 찾아야 했고, 그랬기에 김성근 야구도 있었다."

김 감독은 태평양과 쌍방울, 그리고 2002년 LG와 2007년 이후 SK 사령탑을 지내며 늘 없는 곳에서 답을 찾아냈다. 있는 전력을 극대화할 방법을 끌어내기 위해 밤을 지새우며 연구한 날이 숱했다. 이를 위해 있는 선수들을 낭비 없이 적재적소에 써야 했다.

김 감독은 면접 경험이 많은 대기업 임원과 대화 한 토막을 소개했다.

"면접 지원자들을 보면 100% 다 좋은 사람 있어요? 아마 없을 거예요.

198

30% 마음에 드는 사람 있고, 또 50% 만족하는 사람 있지 않나요? 결국 그런 사람들 뽑아 30%짜리, 50%짜리를 베스트로 조직 속에 집어넣는 일, 그게 바로 적재적소에 사람 기용하는 것이고, 리더의 역할이죠."

김 감독 야구에는 등장인물이 많다. 왼손투수 잡는 좌완 스페셜리스트, 왼손투수 킬러 대타요원, 그리고 경기 후반 승부처에서 낼 내야 외야의 빠른 야수까지. 분야별 전문선수들이 수두룩하다. 그들만이 가진 특성을 최대한 활용하는 것이다.

다른 팀에선 팔방미인 선수들에 밀려 1군 엔트리 진입조차 버거운 이름들도 김 감독의 전략 전술에서는 한 자리를 차지하는 경우가 많다. '없으면 없는 대로 또 새롭게 만드는 야구', 그것이 김성근 야구다.

새 로 운 것 찾 으 려 고 노 력 하 면 한 계 는 없 다

김성근 감독은 고양 원더스 사령탑이 된 뒤, 자주 가는 한 음식점에 들렀다. 꽤 안면 있는 음식점 사장이 인생 상담하듯 하소연을 했다.

"감독님, 이 일도 어느 정도 하다 보니 참 하기 싫어지네요."

김 감독은 사장이 한숨을 다 뱉기도 전에 말을 받았다.

"하기 싫어진다는 건 그 일에 한계를 느껴서 그런 겁니다. 난 '어휴 또 야구야. 야구 또 해야 하나', 이런 생각을 해본 적이 없어요. 매일 새로운 아이템을 갖고 나오면 그 일이 굉장히 즐거울 거예요. 난 야구장 나오는 길에 매일 '이 녀석 어떻게 하지. 또 저 녀석은 어떻게 하면 좋아질까', 항상 그 생각 하고 나와요. 항상 활기찰 수밖에 없어요."

김 감독에게는 함께 하는 선수가 새로운 사업 대상이고, 또 새로운 아이템이다.

프로 1군을 꿈꾸는 선수들이 득시글대는 고양 원더스로 가서는 아이템이 늘었다. 덕분에 생전 처음 치질도 걸려봤다. 원더스 선수들은 아무래도 김 감독이 경험한 프로 1군 선수들보다 둔했다. 가르치는 방법도 바꿔야 했다.

"이런저런 고민을 하다 보니 책도 봐야하고, 화장실에 앉아서 그거 들여다보는 시간도 길어졌어. 어느 순간, 좀 이상해서 병원 가봤더니 치질이라네."

그 노력에 선수들이 조금씩 달라지고 있다. 원더스 첫 해 프로구단에 5명이나 보냈다. 대학을 졸업하고도 불러주는 팀이 없어 좌절했던 패자들을 부활시켜 다시 프로에 진출시킨 것이다.

김 감독은 리더의 조건으로 도전하는 발상과 도전하는 열정, 도전하는 힘과 도전하는 행동을 얘기했다. "보통 사람들은 1등을 하면 바로 만족한다. 만족하는 순간, 바로 2등으로 내려간다. 다시 지지 않으려고 해야 한다. 영원히 앞으로 가려고 해야 한다"고 했다. 김 감독은 한국시리즈 우승 뒤에도 가장 먼저 훈련 캠프를 차렸다. 독하다는 소리를 들어가면서도 밀고 나갔다.

김 감독은 짙은 색이 배어 있는 한 곳을 가리켰다.

"저게 무슨 색깔이지? 색이 있으니 한 번 쳐다보게 되잖아. 김성근 야구도 그런 거야. 원더스는 내가 감독직에서 12번 잘리고 13번째 만난 팀이야. 또 불러주는 것은 김성근만의 뭐가 있기 때문 아닐까 싶은 거지. 내가 세상 사람들에게 맞춰갔으면 난 이미 사라지고 없었을 거야. 내가 고집스럽게 내 길을 갔기에 김성근만의 김성근 야구가 생긴 거야."

24시간 야구만 생각한다

내가 김성근 감독을 처음 만난 건 프로야구가 생긴 1982년 무렵이다. OB 베어스 투수 계형철(LG 코치)과 의형제로 지낼 때다. 계형철이 자기 모교인 중앙고에서 야구과외를 받는다고 해서 따라갔던 차에 감독님을 만났다. 감독님은 당시 OB 투수코치였다. 처음에는 무슨 프로 선수와 프로 코치가 쉬는 날 따로 만나 훈련을 하나 싶었는데, 그게 아니었다.

당시만 해도 공만 빠르고 제구는 형편없던 계형철이 달라지기 시작했다. 제구가 잡히더니 10승급, 15승급 투수로 성장했다. '이 양반 정말 보통이 아니네, 제대로 실력 있네' 그런 말이 절로 나왔다.

그 뒤로 감독님과 가까워졌는데 만나면 만날수록 희한한 사람이었다. 어떻게 된 게 24시간 야구 생각뿐이었다. 뭐 좀 부족하다 싶은 선수는 가만 놔두질 않았다. "그 친구들이 선수로서 단점을 고치지 못하면 평생 실업자가 된다. 그런 선수일수록 더 가르쳐야 한다"고 했던 말은 지금도 생생하다.

난 남자를 평가할 때 세 가지를 본다. 인간미와 도덕성, 그리고 실력이다. 감독님은 이 모든 것을 갖추고 있다. 30년을 봤는데, 청탁이든 뭐든 부정한 것을 받는 걸 못 봤다. 그런데 가만히 보니 야구판에서는 부당한 대우를 받는 것 같았다.

감독님은 재일교포로 한국에 와서 살다보니 학교 동창도, 같은 고향 출신도 그 누구도 없었다. 언론도 감독님에게는 호의적이지 않았다. '김성근 감독의 야구'를 '반쪽발이 야구'로 표현하기까지 했다. 더 가까이서 보니 야구판도 패거리 정치랑 다르지 않은 것 같았다.

그 때 결심했다. 내가 김성근 감독 홍보대사가 되겠노라고. 그 시절, 내게 붙은 별명이 '김성근교 장로'였다. 아무튼 내가 움직이지 않으면 안 되겠다 싶었다. 내 학연,
지연, 혈연을 이용해서라도
그 사람 편이 돼줘야겠다는
생각을 했다.

감독님은 듣기 좋은 소리로 비위 맞추고 하는 성격이 못 된다. 그래서 내
가 그 역할을 했다. 밥 사주고 해가면서 기자든 구단 사장이든 관계자들
만나고 다녔다. '김성근 야구'에 대해 왜곡된 것들을 풀어주고 싶었다.

그렇게 감독님을 따라 다니다 보니 추억도 많이 생겼다. 감독님이 태
평양 사령탑으로 선수들과 오대산 극기훈련을 갔을 때는 내가 행사를
직접 기획하기도 했다. 태평양 경기를 거의 따라 다녔는데, 그 덕분에
선수들에게 헹가래도 받아봤다. '기인'이라는 내용으로 한 주간지에
소개되기도 했다.

감독님은 정말 못 말리는 분이다. 1998년에는 신장암이 발병했는데,
구단 사장에게도 병명을 속이느라 혼이 났다. 간단한 수술도 아니었
는데 암환자가 도무지 암환자 같지 않았다. 퇴원하면 안 된다고 말리는
데도 도무지 막무가내였다. 기어이 소변 주머니를 차고 운동장 나가서
선수들 세워놓고 펑고(야수들의 수비연습을 위해 코치나 감독이 공을
쳐 주는 일) 치는 걸 보고 보통 사람은 아니구나 싶었다.

지금도 한 달에 한 번은 감독님을 만난다. 야구 얘기도 하고 건강 체크
도 한다. 건강관리도 참 철저하다. 매사에 철두철미하지 않으면 살아남
을 수 없는 곳, 그는 언제나 승부의 세계에 살고 있기 때문이다.

– **주인욱**(서울병원 영상의학과 교수)

원칙을 지켜라
헌신을 바탕으로
신뢰하고 교감하라

한국 양궁 불멸의 역사를 쓴 명장, 서오석

승부처

8점. 뜻밖의 점수였다. 이제 마지막 한 발에 운명이 달렸다. 2004년 8월 20일 그리스 아테네 파나티나이코 스타디움 특설 양궁장에서 벌어진 아테네올림픽 여자양궁 단체전 결승. 중국과의 피 말리는 승부에서 마지막 궁사로 나선 박성현은 26번째 화살을 8점에 쏘고 말았다. 27발을 모두 다 쏜 중국은 240점, 마지막 한 발을 남긴 한국은 231점. 남은 한 발을 10점에 꽂으면 한국이 승리하지만, 9점이면 연장전 슛오프 승부, 8점을 쏜다면 한국 여자양궁 단체전 5연패가 좌절되는 절체절명의 위기다.

관중석이 술렁이기 시작했다. 중국 팬들은 환호성을 질러댔고, 장주안주안을 비롯한 중국 선수들은 박성현 바로 앞에서 어깨춤을 추기 시작했다. 누구라도 가슴이 요동칠 순간. 박성현은 크게 심호흡을 했다. 짧은 순간이지만, 스타디움 상단에서 바람을 읽어주고 있는 서오석 감독을 떠올렸다. 할 수 있다는 자신감이 생겼다. 그리곤 과감하게 시위를 당겼다.

"텐!"

장내 아나운서의 함성이 울려 퍼지자 박성현은 윤미진, 이성진 두 동료들과 얼싸안았다. 파나티나이코 스타디움 꼭대기에서 그라운드의 백웅기 코치에게 바람의 세기와 방향을 전달하던 서오석 감독의 손엔 땀이 물처럼 흐르고 있었다.

서오석 감독 약력

- 생년월일 : 1957년 5월 5일

- 출생지 : 경기 포천

- 출신교 : 인천 선인고–국민대 중퇴

- 1973년~1976년 선인고, 국민대, 삼익악기 선수

- 1981년~1985년 수원시청 코치

- 1986년~1989년 여주여종고 코치

- 1990년~1992년 대구 서구청 감독

- 1990년 베이징아시안게임 코치(여자단체 1위, 개인 1위 이장미)

- 1993년~1997년 동서증권 감독

- 1993년 세계선수권대회 코치(여자개인 1위 김효정)

- 1994년 체육훈장 거상장

- 1999년~2011년 전북도청 감독

- 1997년 세계선수권 코치(여자단체 1위, 개인 1위 김두리, 3위 김조순)

- 1999년 유러피안 그랑프리 국제양궁대회 감독(남자단체 1위, 남자개인 1위 장용호, 2위 홍성칠, 여자단체 2위, 여자개인 2위 정창숙, 3위 김조순)

- 1999년 세계선수권 감독(남자단체 2위, 남자개인 1위 홍성칠, 여자개인 1위 이은경, 3위 김조순)

- 2000년 유러피안 그랑프리 국제양궁대회 감독(남자단체 1위, 남자개인 2위 오교문)

- 2000년 시드니올림픽 감독(남자단체 금메달 장용호, 오교문, 김청태)

- 2000년 체육훈장 청룡장

- 2003년 세계선수권대회 감독(여자단체 1위, 여자개인 1위 윤미진, 2위 박성현, 3위 이현정)

- 2004년 유럽피안 그랑프리 국제양궁대회 감독(여자단체 1위, 여자개인 1위 윤미진)

- 2004년 아테네올림픽 감독(여자단체 금메달 윤미진 박성현 이성진, 여자개인 금메달 박성현, 은메달 이성진)

- 2005년 대한민국 체육상

- 2012년~ 코오롱 감독

● 이은경1992년 바르셀로나올림픽 단체전 금메달리스트, 김경욱

1996년 애틀랜타올림픽 2관왕을 키우고 무명의 박성현2004년 아테네올림픽 2관왕 · 2008년 베

이징올림픽 단체전 금메달리스트을 발굴해 올림픽 3관왕에 올려놓은 지도자, 2000년

시드니올림픽에선 1988년 서울올림픽 이후 끊긴 남자양궁의 금맥을 다시

일군 승부사.

　서오석 감독의 지도자 경력은 화려하기만 하다. 한국 양궁을 대표하는

선수들을 직접 길러낸 것은 물론이고, 국가대표팀 지휘봉을 잡고서도 어김

없이 금메달을 쏟아냈다. 1990년 베이징아시안게임부터 시작된 그의 금메

달 조련기는 1997년, 1999년 세계양궁선수권대회와 2000년 시드니올림

픽, 그리고 2004년 아테네올림픽까지 끊임없이 이어졌다. 아테네올림픽에

서 여자 개인전 결승에 오른 박성현과 이성진이 모두 그가 직접 길러낸 선

수들이었다. 한국 양궁에서 한 팀 선수끼리 올림픽 결승전을 치른 것은 그

때가 유일하다.

　한국의 양궁 실력이 워낙 뛰어나니까, 한국대표팀을 맡으면 누군들 성적

을 못 내겠냐고 반문할지도 모르겠다. 그러나 한국 양궁지도자라고 아무나

그와 같은 성적을 올리진 못한다. 잠재력이 큰 선수들을 발굴하고 다듬어,

대어로 키워내는 일. 대표팀이 아닌 다른 팀 선수들을 맡아도 실력이 활짝 꽃피도록 만들어내는 서오석 감독만의 놀라운 능력. 그의 성공비결은 과연 어디에서 온 것일까.

그는 카리스마가 넘치는 감독이다. 평소 말수가 적은 데다 언뜻 얼굴도 험악해 보여 처음 대하는 선수들에겐 공포심까지 들게 한다. 그러나 그의 카리스마는 엄한 지도스타일로 생긴 게 아니다. 사실 속을 들여다보면 그는 한없이 자상하고 인간적인 매력이 넘치는 사람이다. 선수들이 그를 절대적으로 따르고 믿는 데는 다른 무엇보다 그가 실력을 갖춘 지도자이기 때문이다. 선수의 숨겨진 자질을 알아보는 눈, 슈팅 자세 등의 미세한 변화까지 간파하는 관찰력, 양궁 장비와 선수의 궁합을 판단하는 능력 등이 자연스럽게 그의 카리스마를 키웠다.

원칙과 기준을 철저하게 지키고 솔선수범 하는 자세, 선수들과의 인간적인 소통, 변화를 두려워하지 않는 도전정신, 선수들에 대한 무한 신뢰 등이 그를 한국 양궁을 대표하는 명감독으로 거듭나게 했다.

한 번도 깬 적 없는 원칙─신념, 열정, 근면과 자기통제의 결실
서 감독은 철두철미한 원칙주의자다. 특히 선수의 기본인 훈련에 관한한 어떤 타협도 하지 않는다. 그 누구도, 어떤 상황에서도 예외는 없었다. 선수들에게 들이대는 엄격한 잣대는 자신에게도 마찬가지다. 선수가 따르도록 하기 위해서는 지도자부터 솔선수범해야 한다는 게 그의 지론이다.

서 감독은 선수들에게 활을 쏘기 전에 인성을 먼저 갖추라고 강조한다. 부지런해야 하고, 시간을 정확하게 지키고, 예의와 인간성을 강조하는 것, 그의 지도철학이다. 지금도 그는 선수들에게 "거짓말 하지 말자, 약속을 지

211

키자, 최선을 다하자"는 표어를 외친다.

그의 애제자 박성현의 증언은 그가 얼마나 무서운 사람인가를 알게 한다. 박성현은 "전북도청에서 함께 한 10년 동안 감독님은 단 한 번도 새벽 훈련 시간을 어긴 적이 없다"고 했다. 사람 사귀기를 좋아해 술자리가 잦아도 새벽훈련 시간에는 정확히 운동장에 먼저 나와 선수들을 기다렸다. 어떤 때는 차 안에서 자고 일어나 훈련시간에 맞춰 나타나기도 했고, 심지어 몸이 아파도 병원에 가지 않고 훈련시간 만큼은 반드시 지켰다.

서 감독은 "1990년대 동서증권 감독 시절에는 서울 수유리 집에서 훈련

장이 있는 경기도 시흥까지 출퇴근했다. 새벽 4시 반에 출발해 6시 전에 도착하면 차에서 한숨 자고 일어나 선수들을 맞았다. 저녁에 술 약속이 길어지면 근처 모텔에서 자고, 훈련 시간을 지켰다"고 돌이켰다. "1985년부터 시작된 지도자 생활에서 훈련 시간을 어긴 적은 단 한 번도 없다"는 게 그의 당당한 고백이다.

박성현이 소개하는 일화 하나. 전북도청 양궁팀은 수요일과 토요일에는 달리기를 했다. 체력훈련을 겸하는 달리기는 선수들이 가장 힘들어 하는 시간이다.

"하루는 토요일 오후에 감독님이 곱창볶음을 사오셨어요. 선수들 생각 엔 이걸 아주 천천히, 그리고 많이 먹으면 안 뛰게 하시겠지 하며 시간을 끌었는데, 웬걸요. 다 먹고 나니까, '자, 이제부터 뛰어 볼까? 오늘은 새롭게 반대쪽으로 뛰어 보자' 고 하시는 거예요. 깜깜한 밤이 되었는데도 말이에요."

2000년 시드니올림픽 2관왕이자 2004년 아테네올림픽 단체 금메달리

스트 윤미진도 태릉선수촌에서 겪은 비슷한 일화를 소개하며 맞장구를 쳤다.

"선수들 생각이 감독님 머리를 따라가지 못해요. 훈련 시간을 줄여보려고 게으름을 피우면 훈련량이 두 배로 늘어나고, 운동장 뛰는 바퀴수가 늘어났어요."

30년 가까운 지도자 생활 동안 한 번도 깬 적이 없는 원칙. 그것을 지키기 위한 신념과 열정, 근면함, 자기통제는 명장 서오석을 만든 기본이었다.

갈 곳 없는 선수들과 함께 했던 10개월간의 아름다운 동행

서 감독의 지도자 인생은 결코 순탄하지 않았다. 짧은 선수생활을 마치고 1985년 수원시청 코치로 출발해 1988년 여주여종고, 1990년 대구서구청, 1993년 동서증권을 맡기까지 8년 동안 네 번이나 팀을 옮겨 다녔다. "이번에는 참 오래 다닌다"며 농담할 정도로 동서증권에 뿌리를 내릴 무렵이던 1997년 12월 말, 모기업의 부도사태와 더불어 팀이 해체되고 말았다.

청천벽력이었다. IMF 경제위기와 맞물려 대부분의 기업들이 스포츠단을 외면하던 때라 새롭게 인수해줄 기업이 없었는데, 마침 한국마사회에서 양궁팀을 창단하려고 한다는 소문이 돌았다. 서 감독은 고민 끝에 선수들과 당분간 함께 하자는 결단을 내렸다. 선수들과 함께 훈련하며 조금만 기다리면 창단의 결실을 맺을 것이라고 믿었다.

"참 많이 고민했다. 선수들과 이대로 헤어지면 나 한 몸이야 또 어디 가서 지도자 생활을 하겠지만 선수들은 보장이 없었다. 한편으론 좋은 선수들을 놓치기도 싫었다."

당시 선수들은 1992년 바르셀로나올림픽 2관왕 조윤정과 박명화, 강경

옥, 구미라 등 4명. 수유리의 30평 남짓한 자신의 아파트에서 안방을 선수들에게 내주고 서 감독과 가족들은 작은 방과 마루 등에서 생활했다. 훈련은 서울 장안동 서울시청 양궁장에서 더부살이로 했다. 이 때 서 감독은 동서증권에서 퇴직금으로 받은 1500만원을 모두 쏟아 부었고, 부인 한종순 씨는 자신의 어린 아들, 딸들보다 선수들의 식사와 빨래 등 뒷바라지에 더 많은 신경을 써야 했다.

그러나 마사회 창단이 무산됐고, 아파트 합숙도 길어졌다. 이들의 딱한 사연이 방송을 통해 소개되자 곳곳에서 쌀을 보내왔고, 동서증권 노조에서는 부도의 어려움 속에서도 사원들의 성금을 걷어와 훈련비를 보태주기도 했다.

하지만 정작 이들에게 필요한 것은 돈이 아니고 팀이었다. 서서히 지쳐갈 무렵, 전라북도 체육회에서 솔깃한 제의가 왔다. 훈련비를 대줄테니 가을 전국체전에서 전북 소속으로 뛰어달라는 것. 성적이 좋으면 팀 창단으로 이어질 수 있다는 이야기도 함께 였다.

선수들은 힘을 냈다. 더 열심히 훈련했고, 더욱 똘똘 뭉쳤다. 1998년 10월 제주에서 열린 전국체전에서 이들은 당당히 금메달을 전북에 안겼고, 마침내 1999년 1월 전북도청 양궁단 창단으로 결실을 맺었다. 양궁계에서 서 감독과 해체된 동서증권 양궁선수들의 눈물겨운 이야기는 잘 알려져 있다. 과연 누가, 어떤 지도자가 그런 일을 할 수 있을까.

전북도청 양궁팀 창단 이후 서 감독의 눈에 띄어 2000년 말 입단한 박성현은 "감독님의 뒤를 이어 제가 지금 팀을 이끌고 있지만, 저 같으면 그 상황에서 그렇게 하지 못했을 것"이라고 말한다. 서 감독은 "그 때가 지도자 인생의 가장 큰 고비였다. 고민스러웠지만, 돌이켜보면 최고로 잘한 선택

이었다"고 뿌듯해 한다. 오로지 선수들을 위해 자신을 희생한 서 감독의 스토리는 그의 인간적인 모습을 가장 잘 대변해 준다.

신 뢰 하 라 , 그 리 고 교 감 하 라

1999년 프랑스 리옹에서 열린 양궁 세계선수권대회에서 서 감독은 또 한 번 시련을 맞는다. 남녀 코치를 이끌고 감독으로 나선 이 대회에서 여자단체가 10년 만에 8강전에서 맥없이 탈락하고, 남녀 개인전에서도 출전 선수 7명 중 3명만 8강에 오르는 등 불안한 모습을 보였다. 특히 다른 종목도 아닌 세계 최강 여자단체전에서 노메달에 그친 것은 충격 그 자체였다.

현장에 함께한 대한양궁협회 고위임원은 매일 코칭스태프를 소집해 고문하듯 질책하고, 대책회의를 여는 등 부산했다. 국내에서는 한국 양궁이 정신적으로 해이해졌다는 매스컴의 질타와 비난 여론이 거세게 일었다. 국내 매스컴의 보도나 윗사람들의 질책으로 본다면 선수들에게 정신무장이라도 새롭게 요구해야 할 판이었다. 그러나 서 감독은 윗선의 분위기를 선수들에게 단 한 마디도 전달하지 않았다. 그저 착실히 준비해온 선수들을 믿고 그들이 평소의 경기력을 발휘해주길 기대했다.

감독의 흔들리지 않는 믿음은 그대로 선수들에게 전해졌다. 한국 선수들이 보여준 저력은 대단했다. 남자 중 유일하게 8강에 오른 홍성칠이 우승했고, 여자부에선 이은경과 김조순이 1, 3위를 차지했다. 남자 단체전은 결승전에서 아깝게 져 은메달을 땄다.

이은경은 "감독님은 당시 선수들에게 어떤 압박도 주지 않았다. 단 한 마디도 하지 않으셨다. 우리가 정신이 해이해져서 그런 결과가 나온 것도 아니고, 착실히 준비해서 프랑스에 간 것이기 때문에 믿고 기다려주면 제

216

실력을 발휘할 것이라는 판단이셨다"며 당시를 떠올렸다.

서 감독은 이은경과 김조순이 금, 동메달을 딴 뒤 시상식 국기게양대에 태극기가 올라가는 순간, 울컥 감정이 복받쳐 눈물을 흘렸다. 초기 성적이 안 좋은 가운데 크나큰 압박을 받다가 선수들을 신뢰하고 밀어붙인 끝에 얻은 값진 결실이었기에 감동은 더 컸을 것이다.

서 감독 리더십의 요체는 선수들과의 신뢰와 교감이다. 리더십은 서로의 신뢰를 바탕으로 할 때 영향력이 극대화된다는 점을 그는 너무나 잘 알고 있었다. 서 감독은 선수들과 교감을 나누기 위해 훈련시간이 끝나면 자주 자리를 마련해 대화를 나눴다. 맛있는 외식을 하고, 노래방에 가서 함께 스트레스를 풀거나, 아니면 선수들끼리만 따로 어울리도록 해 그들 사이에 팀워크가 쌓이도록 했다.

서 감독은 선수를 다루는 요령도 뛰어났다.

"여자 선수들은 분위기 좋은 카페나 음식점에 가면 속에 있는 이야기를 털어놓는 경우가 많았다. 고민이 있거나, 하고 싶은 이야기를 숨기던 선수들도 선수촌을 떠나 분위기를 바꾸면 속 시원하게 마음을 터놓곤 했다."

윤미진은 "감독님은 겉보기와 달리 아주 자상하고 섬세한 분이다. 지나는 길에 아주 작은 것이라도 선물하면 다음에 반드시 다른 선물을 사주고 챙겨주신다. 자상하고, 꼼꼼하고, 마음이 아주 넓은 분"이라고 말했다.

변화를 두려워하지 않는 도전 정신

서 감독은 현재 코오롱 남자 양궁팀 사령탑이다. 13년간 몸담은 전북도청을 떠나 2011년 12월 창단한 코오롱으로 팀을 옮겼다. 양궁에서는 남자팀과 여자팀을 오가면서 선수들을 지도하는 일이 거의 없다. 남녀 성별에 따라 선수들을 관리하는 법이 다르기 때문이다. 하지만 서 감독은 그런 제약을 받지 않는 지도자다. 지난 2000년 시드니올림픽에서 12년 만에 남자양궁 금메달을 이끈 게 대표적인 사건이다.

대한양궁협회는 시드니올림픽을 앞둔 1999년 서 감독에게 남자대표팀을 맡아줄 것을 부탁했다. 여자팀 감독으로 이미지를 굳혀가던 그에게 1988년 서울올림픽 이후 끊긴 남자양궁의 금맥을 되찾아 달라는 요청이었다.

서 감독은 주저하지 않았다.

"큰 고민 없이 요청을 받아들였다. 뭔가 새로운 일에 도전하고 싶었고, 나 자신을 테스트 해보고 싶었다."

한국 남자양궁은 이전까지 세계선수권대회에서는 금메달을 자주 따며 강세를 보였지만 유독 올림픽에선 약한 모습을 보이고 있었다. 여자에 비해 세계 남자양궁의 경쟁이 워낙 치열한 게 큰 이유였다.

당시 남자대표팀 멤버는 오교문 장용호 김청태. 서 감독은 저마다 개성이 강한 이 선수들을 카리스마로 휘어잡고 팀워크를 심어주었다. 그리고 결국 시드니올림픽 금메달로 결실을 맺었다. 장용호는 "참 섬세한 분이다. 별 말없이 경기장에 서 있어도 많은 것을 체크하신다"고 당시를 기억했다.

선 수 를 보 는 혜 안 과 빠 른 판 단 력 이 승 부 를 가 른 다

서 감독에게는 선수를 발굴하는 눈이 있다고들 말한다. 무명의 선수를 발굴해 세계적인 선수로 키워내는 특별한 능력을 여러 차례 보여주었기 때문이다.

서 감독은 선수 선발 시 대부분 덩치 큰 선수들을 뽑는다. 파워와 체력이

받쳐줘야 경쟁력이 있다는 소신 때문이다. 김경욱 이은경 박성현 등 대부분 그의 제자들이 이런 조건에 맞는다. 특히, 박성현은 고교시절까지 덩치만 컸을 뿐 아무도 주목하지 않는 선수였는데, 서 감독이 발탁하면서 세계적인 선수로 성장했다.

서 감독은 박성현을 스카우트해 훈련시키면서 큰 변화를 시도했다. 체격 조건이 뛰어나고, 힘이 좋은 박성현이 너무 약한 활을 쓰고 있었기 때문이다. 서 감독은 당시 박성현이 쓰던 활의 날개를 68인치에서 70인치로 늘렸다. 날개 길이가 늘어날수록 화살이 부드럽게 날아가지만 그 만큼 많은 힘을 필요로 했다. 사실, 활의 날개에 변화를 주는 일은 아주 신중하게 판단해야 한다. 선수가 변화에 적응하지 못하면 오히려 치명적인 실수가 될 수도 있기 때문이다. 당시 남자 대표선수 오교문도 68인치 날개를 쓰고 있었기에 박성현에게 70인치 날개를 쓰게 한 것을 보고 주위에서는 '미쳤다'는 소리까지 나왔다. 그러나 이 같은 우려는 모두 기우였다. 박성현은 2001년 4월 원주 문막에서 열린 종별선수권대회에서 5관왕에 오르며 일약 스타로 발돋움한다. 서 감독은 이후 박성현과 이성진이 쓰는 활의 몸통까지 변화를 줘 이들을 국가대표에 이어 올림픽 결승전을 다투는 선후배로 키워냈다.

박성현은 당시를 기억하며 "웬만해서는 선수가 큰 대회를 앞두고 장비를 바꾸지 못한다. 그러나 감독님이 내린 판단이 대부분 옳았기 때문에 선수들은 100% 신뢰했고, 따랐다"고 말했다.

윤미진도 아테네올림픽 평가전을 앞두고 서 감독이 지적한 작은 변화로 큰 효과를 본 적이 있다. 다름 아닌 화살의 길이를 조절하는 것이다. 서 감독은 윤미진의 화살이 너무 길다고 판단했고, 소속팀 감독과 상의해 0.5㎝

를 줄여 안정적인 효과를 냈다. 0.5㎝, 작지만 효과 만점이었다. 윤미진의 회상이다.

"장비뿐만이 아니에요. 2003년 뉴욕 세계선수권대회에 나가서는 대회 도중 감독님이 '앞 어깨를 조금 펴서 쏘라'고 조언해 주셨는데, 그게 큰 효과를 봐서 2관왕이 됐어요."

기술적인 노하우를 뛰어넘는 장비에 대한 지식은 그의 특이한 경력에서 비롯됐다. 서 감독은 국민대에 양궁 특기생으로 들어가 한 학기만 다니고 중퇴했다. 그 후 삼익악기에 입사해 활 만드는 일에 8개월간 종사했다. 직장과 선수생활을 겸하던 시절이었다.

"당시에는 거의 수작업으로 활을 만들었다. 오전에는 날개에 사포질을 하고, 오후에는 훈련을 했다. 그 시절 얻은 장비에 대한 지식이 지도자 생활을 하는 데 큰 도움이 됐다."

그렇다면 장비와 선수의 궁합을 판단하는 눈은 무엇일까? 서 감독은 선수에 대한 세심한 관찰이라고 서슴없이 말한다. "선수에 관심을 두지 않으면 그에 맞는 장비를 파악할 수 없다"고 했다. 결국 선수를 보는 눈이란 그의 오랜 경험이 모두 어우러진 총체라고 할 수 있다.

떠 날 때 를 알 고 떠 나 는 사 람 이 아 름 답 다

2004년 아테네올림픽을 끝으로 서오석 감독은 더 이상 국가대표팀을 맡지 않았다. 대표팀에 올인하다 보니 극심한 스트레스로 인해 당뇨가 발병했다. 그 후유증으로 고혈압도 생겼고, 신장이 나빠지는 등 안 좋은 데가 한두 군데가 아니었다. "이러다 제 명에 못 살겠다"며 태극마크를 반납한 그는 그 후로 수차례 대표감독 복귀 제의를 받았으나 모두 거절했다. 자신 말

고도 좋은 후배 지도자들이 많이 있다는 이야기
였다. 서 감독과 호흡을 함께 한 장영술 감독, 백
웅기 감독 등이 그를 따르는 후배들이다.

　서 감독은 어느 순간부터 세계선수권과 올림픽
같은 큰 경기에서 선수 뒤편 감독석에 코치들을
내보냈다. 아테네올림픽 때는 백웅기 코치를 그
자리에 세우고, 자신은 파나티나이코 스타디움 꼭대기로 올라가 바람을 살
피고 원격지시를 내렸다. '후배 지도자들도 일찍부터 그런 경험을 해야 한
다'는 그의 소신에 양궁협회 고위층은 '성적이 안 나오면 책임질 것이냐'
며 다그쳤다. 그러나 모두 책임지겠다는 서 감독의 고집을 꺾지 못했다. 백
웅기 코치는 2012년 런던올림픽 여자감독으로 화려하게 데뷔했다.

　코오롱 양궁단 창단과 함께 여자팀을 떠나 남자팀 지도자로 변신한 서
감독. 그는 여전히 고집스런 그의 지도 스타일로 흙속의 진주를 키워내고
있다.

가능성에 대한 신뢰가 나를 키웠다

서오석 감독님과의 만남은 2000년 가을로 거슬러 올라간다. 고교를 졸업할 무렵 전북도청 양궁단에서 선수를 뽑는다고 해서 참가했다. 선수 선발장에서 처음 본 감독님의 첫 인상은 엄청 무서웠다. 당시 나의 성적은 고교 때 전국체전에서 동메달 한 개를 딴 게 최고였는데, 운이 좋게도 박미경(현 광주시청)과 함께 뽑혔다.

전북도청 소속 선수로 처음 전북체육회 임원과 상견례를 나누는 자리에서의 일이다. 임원으로부터 "너는 왜 대학교에 안 갔니?"라는 말을 들었다. 내세울 성적도 없는 선수가 어떻게 실업팀에 뽑혀 왔냐는 뜻이었다. 나는 자존심이 크게 상했다. 속으로는 '이런 분위기에서는 못하겠다. 1년만 운동하고 끝내자'며 자포자기 심정까지 들었다.

그 때 배석했던 서 감독님이 "지금은 성적이 없지만 잠재력과 가능성이 큰 선수다. 그래서 스카우트했다"고 대답했다. 이 말이 나를 자극했다. 그러지 않아도 별 볼일 없는 선수를 스카우트 해주신 게 고마웠는데 나를 믿고 키워 주시겠다는데 어찌 최선을 다하지 않을 수 있겠는가.

감독님과 함께 하는 시간은 행복했다. 혹독하게 훈련할 때는 너무 힘들어 쳐다보기도 싫고 원망스럽고 미운 적도 많았다. 하지만 그 시간이 지나면 한없이 자상하고, 아빠같이 대해주는 분이다.

사실 감독님과의 만남은 내게 엄청난 행운이었다. 감독님이 해체된 동서증권 선수들과 동고동락한 끝에 전북도청에 오지 않았다면 나와 감독님의 인연은 없었을 것이다.

감독님은 무명이었던 나를 발굴해 키워주고, 오늘의 나로 만들어 주신 분이다. 내게는 부모님과도 같은 분이다. 2004년 아테네올림픽 여자단체전 때도 마지막 한 발을 남기고 자신감을 가질 수 있었던 것은 멀리서 감독님이 봐주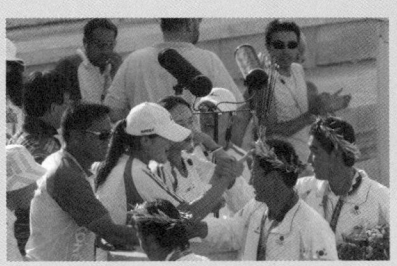
시고 있다는 생각 때
문이었다. 가까이 있
지 않아도 의지가 되
고, 눈빛만 봐도 든
든한 분이 바로 감독
님이다.

감독님이 내게 물려
주신 유산은 한두 가
지가 아니다. 선생님
의 탁월한 지도력을 모두 배운다는 게 내겐 벅찬 일이지만, 지금도 열
심히 노력하고 있다. 감독님은 전북도청 감독직을 내게 물려주면서 "
지도자는 무조건 욕을 먹어야 잘 할 수 있다"고 말씀하셨다. 지금도
그 말씀을 깊게 새기고 있다.

선수 시절에는 느끼지 못했던 감독님의 혜안을 지도자 생활을 하면서
더욱 느낀다. 지금도 힘든 일이 생기면 제일 먼저 감독님께 전화해 자
문을 구한다. 감독님이 어느 자리에 있든 그는 영원한 나의 스승이다.

– 박성현(올림픽 3관왕, 전북도청 감독)

분석하고 기록하라
승리의 열쇠는 거기에 있다

한국 핸드볼의 기적을 이룬 열정적인 행동가, 정형균

승부처

"오늘 결승전은 60분짜리 여행이다. 처음에 조금 늦게 가더라도 정상은 우리가 먼저 도착할 것이다." 1992년 바르셀로나올림픽. 정형균 감독이 이끄는 한국 여자 핸드볼은 독창적인 새 수비전술인 '대각전진수비'를 앞세워 예선부터 파란을 일으킨 끝에 결승에 올랐다. 적수가 없어 보였지만, 반면 한국의 새 전술도 조별리그와 토너먼트가 이어지면서 어느 정도 상대에게 노출됐다.

노르웨이와의 결승전 노르웨이는 조별 예선에서 한 번 만났다. 당시 한국은 생소한 수비전술로 노르웨이 선수들의 혼을 빼놓으며 27-16, 11골 차로 승리했다. 하지만 결승전에서 이겨야만 진짜 목표인 금메달을 목에 걸 수 있다. **무조건 '이기는 승부'를 해야 했다.** 정 감독은 선수들에게 '60분짜리 여행'을 언급하며 경기가 시작되면 대각전진수비인 '파이브원(5-1)' 대신 '식스제로(6-0)' 수비로 일단 상대에게 리드를 내주며 출발하도록 했다. 핸드볼은 리듬의 경기다. 일단 상대를 마음 놓게 한 뒤 다시 우리의 장기인 수비전술을 가동했을 때 상대가 갑작스

런 벽을 느끼고 당황하게 되면 쉽게 무너뜨릴 수 있다고 확신했다. 초반 10분 정도는 2~3골차

리드를 내줬다. 그러다 7-7 동점부터 다시 고삐를 틀어쥐었다. 한국은 이후 내리 9득점하면서

노르웨이에는 단 한 점만 내줬다. **전반전이 끝났을 때 스코어는 16-8, 8골차 리드였다. 후반전**

역시 예상한 흐름대로 결판이 났다. 최종 스코어 28-21.

자국 개최였던 1988년 서울올림픽에서 우승했던 한국은 핸드볼의 고향인 유럽에서 열린 대회

에서 올림픽 2연패라는 대위업을 달성했다. 한국 구기 사상 올림픽 2연패는 전무후무한 기록

이다. 다시 3년 뒤 정형균 감독이 이끄는 여자 핸드볼은 오스트리아-헝가리 공동개최로 열린

1995년 세계선수권대회에서 8전 전승로 우승한다. 흔히 올림픽보다 어려운 게 세계선수권대회

우승이라고 하는데, 한국 핸드볼 역사에서 단 한 번 이뤄진 쾌거다. 이로써 **한국 여자 핸드볼**

은 1990년대 명실공히 세계 정상을 구가했다. 그 중심에 지장 정형균 감독이 있다.

정형균 감독 약력

● 생년월일 : 1955년 1월 24일

● 출생지 : 대구

● 출신교 : 대구중앙초–영남중–청량공고–원광대–경희대 대학원 체육교육학 석사–한양대

　　대학원 체육학 박사

● 1977년 제1회 아시아핸드볼선수권대회 국가대표(준우승 · 득점왕)

● 1979년~1982년 아랍에미리트연합(UAE) 알자지라 선수

● 1982년 한국체대 여자핸드볼팀 창단 감독

● 1984년~한국체대 교수(현)

● 1984년~1986년 여자대표팀 코치(1984년 LA올림픽 은메달)

● 1991년~1996년 여자대표팀 감독

● 1992년 바르셀로나올림픽 금메달

● 1995년 세계선수권대회 금메달

● 1996년 애틀랜타올림픽 은메달

● 1993년~국제핸드볼연맹(IHF) 기술강사

● 2000년 시드니올림픽 국제심판

● 2001년~2004년 중국 여자대표팀 감독(2004년 아테네올림픽 출전)

● 2007년 대한핸드볼협회 상임부회장(현)

● 2012년 동아시아핸드볼연맹 회장(현)

● 2012년 한국체대 사회체육대학원장(현)

● 정형균 감독은 1984년 LA올림픽 대표팀 코치를 거쳐 8년 뒤 1992년 바르셀로나올림픽에서 사령탑 전권을 쥐었다. 그의 나이 37세였다. 이 때 정 감독은 올림픽을 준비하면서 '대각전진수비'라는 새로운 수비전술을 개발해 젊은 선수들에게 이식했다.

보통 유럽 팀은 상대방 중거리 숫 견제에 효과적인 식스제로6-0 수비전술을 주로 썼다. 반면, 한국은 전진수비인 파이브원5-1을 택했다. 한국 팀은 엄청난 체력을 바탕으로 선수가 돌아가면서 대각선으로 튀어나와 약속된 콤비네이션으로 상대 패스를 막아내는 새로운 수비전술을 만들어내 익혔다. 나중에 언론은 이 수비에 '벌떼수비'라는 별칭을 붙여줬다. 이 전술은 A선수가 상대편 a선수를 잡을 때 공이 b선수에게 패스되면, B선수가 정해진 방향으로 튀어나가 b선수를 잡는 방식이다. A, B, C, D선수까지 콤비네이션이 이어지는 이 수비전술은 엄청난 체력과 조직력을 요했다. 정 감독은 한국 선수들이 체격에서 앞서는 유럽 핸드볼을 넘어서기 위해서는 전후반 60분을 쉬지 않고 뛸 수 있는 체력과 물샐틈없는 수비력만이 해답이라고 생각했다. 당연히 여자 핸드볼 선수들은 올림픽을 준비하면서 지독한 체력훈련으로 단련돼 있었다.

파이브원 전술로 무장한 한국 여자대표팀은 놀라웠다. 1992년 바로셀로나올림픽 결승에서 노르웨이를 7골 차로 꺾고 금메달을 따냈다. 1988년 서울올림픽에 이어 4년 만에 또 금메달 쾌거다. 그 어느 종목도 해내지 못한 단체 구기 종목 올림픽 2연패. 한국의 올림픽 역사의 한 페이지를 장식한 기적 같은 일이었다. 서울올림픽은 시차와 컨디션 조절 등 홈 개최의 이점이라도 있었지만, 바르셀로나올림픽은 핸드볼의 고향인 유럽에서 열린 대회였다. 하지만 독일과 준결승에 이어 결승에서 노르웨이까지 연파했다. 유럽의 텃세를 모두 극복한 금메달이라 더욱 값진 쾌거였다.

바르셀로나올림픽 이후 한국의 대각전진수비는 국제 핸드볼계의 비상한 관심을 모았다. 국제핸드볼연맹IHF은 1993년 권위 있는 IHF 기술강사로 정 감독을 선임했고, 정 감독은 독일, 스페인 등에서 열린 국제지도자 강습회에서 자신의 훈련법을 선보였다.

정 감독은 1995년 세계선수권대회에서 다시 대표팀 지휘봉을 잡았다. 예선에서 러시아, 독일 등을 꺾고 4연승을 거둔 뒤 16강전부터 앙골라, 독일, 덴마크, 헝가리를 연파하고 8전 전승이라는 압도적인 승리행진 속에 우승했다. 명실공이 정형균 감독이 이끄는 한국 여자핸드볼이 세계 최고의 팀으로 인정받은 순간이었다.

2년마다 열리는 세계선수권대회 우승은 4년마다 열리는 올림픽 금메달보다 더 어렵다는 말이 있다. 올림픽은 대륙별 쿼터가 엄격해 핸드볼의 종주대륙인 유럽 출전국 숫자가 제한된 반면, 출전 자격에 랭킹이 주로 반영되는 세계선수권대회는 유럽의 벽을 넘고, 또 넘어야 했다. 한국 여자핸드볼은 올림픽에서 금메달 2개, 은메달 2개, 동메달 1개를 따낸 '메달킬러'이지만 세계선수권대회는 우승은커녕 결승 진출조차 이전에도, 이후에도 없었다. 세계선수권대회 이듬해 열린 1996년 애틀랜타올림픽. 정 감독이 이끄는 한국 여자핸드볼은 예선 3전승에 이어 준결승에서 헝가리를 14골 차로 꺾고 승승장구했다. 하지만 결승전에서 덴마크에 33-37로 뼈아프게 패하고 아쉽게 준우승했다.

열정과 혼이 담긴 벤처 정신이 기적을 만든다

1992년 바르셀로나올림픽 당시 한국대표팀이 경이로운 것은 전술만이 아니었다. 선수들은 평균 나이가 21.3세에 불과한 앳된 선수들이었다. 선수 명단을 받아든 외국팀 관계자들은 "성인대표팀이 맞느냐? 주니어대표팀이 올림픽을 나온 거 아니냐?"고 수차례 반문했을 정도다.

15명의 출전엔트리 가운데 서울올림픽에 출전했던 선수는 이미영 한현숙 두 명뿐이었다. 이 둘조차도 서울올림픽 당시는 후보 선수였다. 한국 여자핸드볼대표팀은 4년 만에 완전히 물갈이된 것이다.

그런 극단적인 세대교체는 정 감독의 모험적이지만 확신에 찬 결단에서 나왔다. 정 감독은 "서울올림픽에서 금메달을 딴 선수들은 평생 연금 60만원을 받는다. 당시로는 큰돈이었다. 게다가 여자 선수들에게 25~26세의 나이는 은퇴해도 이상할 게 없었다"고 그때의 상황을 설명했다. 즉, 동기부여의 문제였다. 메달을 따지 못해도 아쉬울 게 없는 선수들을 데리고 최고의 성과를 올린다는 것은 거의 불가능한 일이다.

당시 국내 최고의 지도자로 인정받은 정 감독은 세밀한 기술 훈련, 전술 훈련, 그리고 지독한 체력 훈련으로도 정평이 나 있었다. 정 감독과의 올림픽 준비는 이룰 것 다 이룬 상태에서 지옥훈련에 자원하는 걸 뜻했다. 당연히 고참 선수들이 흔쾌히 뛰어들 리 없다. 정 감독은 이 선수들을 달래가며 힘겹게 가느니, 새로운 팀을 꾸리는 게 낫다는 판단을 했다. 다시 한 번 세계를 제패하려면 무엇보다 하고자 하는 선수들의 열정이 필요하다고 판단했다.

완전한 세대교체. 말도 안 되어 보이는 결정이지만 정 감독은 확신이 있었다. 젊은 선수들에게 자신의 열정과 노하우를 쏟아 붓는다면, 해낼 수 있다는 뚜렷한 확신이었다. 이 확신은 도대체 어디서 나온 것일까.

정 감독에겐 이미 벤처 신화의 경험이 있었다. 정 감독은 1983년 스물여덟 살의 나이로 한국체대 창단팀을 맡았다. 정 감독은 데뷔 첫 해 해외에서 익혀온 선진훈련법으로 선수단을 조련시켜 그 해 전국체전에서 실업팀을 추풍낙엽처럼 꺾으며 한국체대를 우승시켰다. 정 감독은 당시 기존 한국 핸드볼의 훈련방식과 토양을 완전히 혁신했다. 스물여덟 살의 총각 지도자가 연구와 훈련에 열정과 혼신을 다하고, 선수들이 그를 믿고 따르며 뜻을 모으자 스무 살 초반의 선수들로 구성된 대학팀은 1년도 안 돼 실업팀을 모두 제압하는 전국 최강의 팀이 되었다.

정 감독은 20대 후반 지도자 생활을 하자마자 핸드볼계 어르신들의 가슴을 뜨끔하게 한 '뛰는 놈'이었다.

정 감독은 현역시절 제1회 아시아선수권대회 득점왕을 차지한 게 계기가 돼 24살 때 중동진출의 러브콜을 받고 1979년부터 1982년까지 3년간 아랍에미리트연합UAE의 왕자가 소유한 알자지라 클럽에서 활약했다. 당시 돈이 넘치던 UAE에는 독일 폴란드 유고 등 유럽 감독들과 유럽 선수들이 대거 들어와 있었다. 정 감독은 3년간의 중동 진출에서 세계 핸드볼의 흐름과 유럽 핸드볼의 방식을 흡수했다.

국내에 들어와 한국체대 창단팀 감독을 맡고 첫 시즌인 1983년. 정 감독

이 이끄는 한국체대가 실업팀을 줄줄
이 꺾고 전국체전에서 우승하는 만화
같은 일이 벌어졌다. 당시 한국체대는
세계주니어선수권대회에 에이스 3명
이 차출된 가운데 단 7명의 가용 선수
만으로 대회에 참가했다. 그런데도 실

업팀을 차례로 꺾으면 우승한 것이다. 28세 젊은 지도자의 열정과 지옥훈
련이 만나 믿을 수 없는 경기력을 발휘한 결과다.

이를 바탕으로 정 감독은 1984년 LA올림픽 대표팀 코치로 발탁됐다. 정
감독은 "원래 협회는 성인 레벨의 지도자 경력이 1년밖에 안 된 나에게 대
표팀 코치를 시켜주고 싶은 마음이 추호도 없었다"고 털어놨다. 하지만 결
정적인 계기를 자신이 만들었다. 당시 대만 타이페이에서 열린 중정배 국
제대회가 있었는데, 한국체대가 출전해 우승했다. 이 대회 출전팀 가운데
는 미국대표팀도 있었는데, 한국체대가 7골 차로 이겼다. 이 미국대표팀
이 중정배가 끝난 후 공교롭게도 한국으로 전지훈련을 왔다. 미국대표팀
은 국내실업팀과 돌아가며 연습경기를 했는데, 모든 실업팀이 졌다. 마지
막에 만난 것이 한국체대였다. 이 리턴매치에서 한국체대는 다시 미국대
표팀을 꺾었다.

상황이 이렇게 되자 정 감독의 나이나 경력은 더 이상 의미가 없었다.
대한핸드볼협회 임원들이 '저 놈에게 맡겨야겠다'는 결론을 낼 수밖에 없
었던 것이다. 정 감독은 나이가 어려 감독이 아닌 코치를 맡았지만 훈련은
모두 그가 이끌다시피 했다.

정 감독은 LA올림픽이 끝난 뒤에는 20세 이하 주니어대표팀을 맡았다.

서울올림픽을 위한 상비군이었다. 정 감독은 이 팀을 이끌고 1985년 국내에서 개최된 세계주니어선수권대회에서 준우승을 차지하는 기염을 토했다. 당시 우승까지 노렸지만 소련과의 결승전에서 아쉽게도 역전패를 당했다. 이 대회 참가 선수들이 서울올림픽의 주역이 되었다.

1990년 말, 정 감독은 바르셀로나올림픽 준비를 위한 대표팀 감독 선임

때도 편견에 부딪혔다. 사실 대학팀을 맡고 있는 그는 기존 선배 지도자들, 특히 실업팀 감독들에게는 너무나 불편한 존재였다. 그런 이유로 올림픽을 앞두고 협회가 그에게 제의한 것도 감독이 아닌 코치였다. 당시 김종하 대한핸드볼협회 회장 이후 실업연맹 회장 출신인 안청수 회장이 협회 수장이 되면서 실업팀의 입김이 세졌다. 당연히 '대표팀 감독은 실업팀에서 나와야 한다'는 얘기들이 나왔다. 그들의 입김으로 협회는 나이가 어린 정 감독에게 코치직을 제안했다. 하지만 정 감독은 "감독 아니면 안 한다"며 단호히 거절했다. 결국 손을 든 것은 협회였다. 그 과정에서 정 감독은 선수 선발에 대한 전권까지 얻어냈다. 평균연령 21.3세의 대표팀. 과감하고 대담한 세대교체도 그렇게 얻어낸 전권이 있었기에 가능했다.

연구와 분석에서 '이기는 전술'이 나온다

정 감독이 초보감독 시절부터 혁혁한 성과들을 얻어낼 수 있었고, 대각전 진수비라는 히트상품으로 세계 정상에 설 수 있었던 데는 연구와 분석에 대한 집착과 열정을 빼놓을 수 없다. 정 감독은 중동 클럽에서 뛸 때부터 외국을 돌며 핸드볼 서적과 자료를 있는 대로 모았다. 특히 비디오 분석에 대한 열정이 남달랐다. 그의 별명 중 하나가 오죽하면 '비디오맨'이었을까.

정 감독은 1983년 한국체대 감독이자 대학원 연구실 조교시절 자비로 270만원짜리 비디오카메라를 구입했다. 당시 한국체대에는 비디오카메라가 한 대밖에 없었다. 그 한 대의 비디오카메라를 수많은 종목에서 사용하고 있어 정 감독으로서는 성이 차지 않았던 것. 그는 직접 청계천을 뒤졌다. 당시 청계천은 수입 전자제품을 파는 상점이 빼곡하게 들어차 있던, 국내 최대의 전자제품 시장이었다. 정 감독은 그곳에서 딱 한 대뿐인 슬로모션 기능이 있는 비디오카메라를 발견했다. 문제는 가격이었다. 당시 정 감독의 월급이 20만원 정도였으니 270만원은 엄청나게 비싼 것이었다. 하지만 정 감독은 주저하지 않고 질렀다.

정 감독은 이렇게 구입한 비디오카메라로 선수들의 훈련과 경기 장면을 찍고 시간만 나면 보고 또 보고 분석했다. 경기의 문제점, 우리 팀, 다른 팀 선수들의 장단점을 치밀하게 분석해 선수들 훈련에 적용했다. 작은 실수를 잡아내고, 바로잡고, 약점을 향상시키는 훈련이 이어졌다. 정 감독은 분석과 교정에 지독했다. 경기에서 실수가 나오면 경기 후 그걸 바로잡기 위해 30분이고, 한 시간이고 다시 훈련이 이어졌다. 개인기 훈련도, 체력 훈련도 다른 팀과는 비교할 수 없이 타이트했다. 하지만 선수들은 자기 실수의 일거수일투족을 속속들이 알고 다가오는 정 감독에게 반항할 수가 없었다. 정 감독의 수제자인 임오경 서울시청 감독의 회상이다.

"선생님은 너무 무서웠다. 지독한 훈련에 반감이 생겼지만 반항할 여유가 없었다. 훈련도 힘들었지만 비디오 분석하는 시간이면 선수들은 가슴이 벌렁벌렁할 정도로 긴장했다. 감독님이 선수들의 작은 실수들을 다 잡아내고 고쳐야 할 곳을 지적하는데, 그 카리스마에 장악당할 수밖에 없었다."

이처럼 치밀한 분석을 바탕으로 한 정 감독의 지도력은 일본까지 소문나 훗날 일본에서 핸드볼 교육 비디오 전집 제작 제의를 받았다. 이 비디오 제작 경험 역시 정 감독이 핸드볼의 공격과 수비에 대한 기본 개념을 다시 정립하는 데 큰 도움이 됐다.

정 감독의 연구욕심은 끝이 없었다. 1990년 세계여자선수권대회가 국내에서 개최되었는데, 정 감독은 일부러 기록석에 앉아 '타임키퍼'를 자처했다. 기록석은 전 경기를 하프라인 앞에서 볼 수 있어 경기를 분석하기에 최적의 장소다. 1988년 서울올림픽에서 금메달을 따낸 한국 여자 핸드볼이었지만 이 대회 최종 성적은 11위에 그쳤다. 정 감독은 그 대회를 분석하면서 깨달은 바가 컸다. 한국은 출전국 중 득점 1위였다. 득점력은 세계 톱 수준이었지만 실점이 그 보다 훨씬 많았다. 공격력은 세계 수준인데 비해 수비는 하위권이었던 것이다. 정 감독은 이 대회를 평가하면서 '우리가 가야할 것은 수비'라는 답을 얻었다. 이런 결론 속에 그가 1992년 바르셀로나올림픽을 앞두고 야심차게 만들어낸 전술이 세계를 놀라게 한 대각전진수비 전술이었다.

그렇다고 정형균 감독이 매일같이 '독사'였던 것은 아니었다. 훈련에 관해서는 독하게 몰아붙이지만 평소에는 과묵했다. 그에게는 선수들이 감독을 믿고 따를 수밖에 없는 인간적인 신뢰감이 있었다. 한국체대 감독시절 저승사자처럼 훈련을 시키다가도 한 번씩 회식을 할 때는 무교동에서 제일 잘 나가는 클럽에 데려갔다. 그는 항상 선수들을 최고로 대우해야 한다고 생각했다.

"선수들이 시골 고등학교 출신들이 많았다. 시골 때를 벗겨주고 싶었다. 나는 선수들에게 최고의 선수는 최고의 대접을 받고 그에 걸맞는 행동을 해야 한다는 말을 자주했다. 옷 입는 것도, 행동하는 것도 모두 최고가 되어야 한다고 강조했다."

선수 능력의 100%를 뽑아내는 것은 지도자의 몫이다

정 감독은 선수들의 사기를 돋우거나, 형편이 어려운 제자들을 도와줄 때는 사비를 아끼지 않았다. 그는 지도자로 활동하면서 '열정적인 지도자가 선수들의 신뢰감을 산다면 생각 이상의 것을 이룰 수 있다'는 것을 경험했다.

1983년 한국체대 창단 팀을 꾸릴 때 성경화라는 선수가 신입생으로 들어왔다. 고교시절 기량은 아주 좋은데 체력이 약해 전반 25분만 겨우 뛴다는 선수였다. 그 선수가 정 감독을 만나 180도 변한 것이다. 정 감독은 "다른 지도자에게는 미안하지만 그런 선수가 우리 대학팀에 들어와 그 힘든 나의 훈련을 100% 다 따라왔다. 한 번도 아프다고 불평한 적이 없었다. 나를 믿고 다 따라줬다. 되돌아보면 그게 지도자의 힘이 아닌가 싶다"고 말했다. 성경화는 1984년 LA올림픽대표팀 엔트리에 포함돼 은메달을 땄고,

1988년 서울올림픽에 출전해서는 금메달을 목에 걸었다.

오늘날 한국 여자핸드볼은 태릉선수촌에서도 훈련량이 많기로 유명하다. 태릉선수촌 뒷산에서 전 종목 선수들이 참가해 벌이는 '불암산 달리기'에서도 여자핸드볼 선수들이 상위권을 휩쓰는 일이 흔하다. 이런 문화가 모두 정 감독의 영향이다. 그는 "유럽 선수들과 비교해 체격이 열세니까 움직임이 많아야 되고 자연히 체력소모가 많다. 세계의 벽을 넘어서려면 후천적인 노력으로 체력을 기르는 수밖에 없다"는 지론을 가졌다.

사실 1992년 바르셀로나올림픽과 1995년 세계선수권대회 우승, 그리고 1996년 애틀랜타올림픽 은메달로 이어진 당시 기적 같은 쾌거의 바탕에는 한국인만의 문화가 있었다. 정 감독은 "그런 성과가 가능했던 건 한국 선수들에게 다른 나라에서 보기 힘든 지도자에 대한 복종문화가 있었기 때문"이라고 설명한다. 선수들의 복종을 이끌어내는 데 가장 중요한 것은 무엇일까. 그것은 신뢰이다.

"지금 생각하면 선수들에게 미안하고 또 고맙다. 내 열정대로 혹독하게 몰아붙였는데 신뢰감이 쌓이니 믿고 따라와 줬다. 엄청난 훈련의 대가로 한국 여자핸드볼 선수들은 그 어느 유럽 팀보다 발이 빠를 수밖에 없었다. 바르셀로나올림픽을 준비하면서 얼마나 많은 훈련을 했는지, 우리 선수들은 결승전을 마치고도 힘이 남을 정도였다."

정 감독은 2004년 아테네올림픽 때는 중국대표팀 지휘봉을 잡기도 했다. 중국은 2008년 베이징올림픽 개최가 확정된 상태에서 종목별 경쟁력을 향상시키기 위해 한국의 명장들을 대거 영입했다. 당시 정 감독은 우승팀에게는 올림픽 본선 직행 티켓이 주어지는 2003년 올림픽 아시아 예선에서 친정팀 한국을 2위로 밀어내고 중국 여자핸드볼을 우승시켰다. 베이징올림픽에서 거둔 성적은 6위. 그것만으로도 중국 핸드볼의 역사를 일군 것이지만 훗날 정 감독은 "중국 선수들로는 한국이 해낸 기적을 이뤄낼 수 없다"고 잘라 말했다. 정 감독은 그 이유를 한국식 복종문화의 부재에서 찾았다. 한국인만이 가진 독특한 기질, 복종문화가 신뢰감과 결합할 때 기적의 '팀 포커스'를 이뤄낸다고 믿는다.

시대가 달라져 2000년대 들어서는 선수들에게 과거와 같은 지도자에 대한 복종을 기대하기는 쉽지 않다. 하지만 한국인에게는 조직의 성공과 나의 발전을 위해 자신을 희생하고 어려움을 참아내는 DNA가 있다. 리더가 인간적인 신뢰감을 가질 만하고, 조직원들을 한 단계 업그레이드시켜 목표를 달성할 수 있게 하는 '유익'하고 '유능'한 능력의 소유자라면 선수들은 자신의 전부를 걸고 리더와 함께 한다. 이런 식의 성공과 자기발전의 열망을 모으는 방법은 지금도 유효하다.

여기에 중요한 것이 한 가지 더 있다. 여자 선수들로 구성된 팀은 예민한 '감성조직'이다. 완전한 복종을 이뤄내는 데 있어 가장 중요한 것 중 하나는 '공정한 리더십'이다. 정 감독의 수제자 임오경은 "오랜 시간 대표팀을 하며 많은 지도자를 겪어봤는데 일종의 편애 같은 게 대부분 있다. 여자 선수들은 그런데서 불만이 쌓인다. 그런데 감독님은 선수들의 실수, 단점을 지적하고 잡아낼 때는 혹독하지만 편애가 없었다. 워낙 공정한 분이었기에 선수들은 반항하지 않고 힘든 훈련에 복종했다"고 말했다.

준비된 리더십, 운명은 스스로 여는 것

1983년 스물여덟 살의 나이로 한국체대 창단팀 감독을 맡기 시작해 1990년대 한국 여자핸드볼의 전성기를 이끌기까지, 젊은 나이부터 자신을 준비된 지도자로 키우며 스스로의 커리어를 개척해나간 감독 스스로의 노력도 무시할 수 없다.

국내 핸드볼 사상 첫 해외진출 선수로 3년간 중동에서 뛰며 세계 핸드볼의 흐름을 접할 기회를 잡은 것이 정 감독 인생의 중대한 전환점이 됐다. 선수 정형균은 1977년 쿠웨이트에서 열린 제1회 아시아선수권대회에서 득점왕을 차지하면서 생각지도 못한 해외진출 기회를 맞았다. 하지만 당시는 병역미필자는 해외여행 자체가 금지되던 시절이다. UAE의 왕자가 구단주로 있는 알자지라 클럽이 대한핸드볼협회를 통해 정형균의 이적을 타진했지만 그가 해외클럽에서 뛰는 것은 불가능해 보였다. 하지만 중동 건설 붐이 한창이던 당시 한국 경제상황의 특수성 속에 알자지라 클럽 구단주인 왕자가 직접 외교부에 그의 이적을 도와달라고 요청하면서 일이 풀리기 시작했다. 정 감독은 일단 군에 입대했고, 외교부는 국방부에 국익을 위해 필요하다며 그의 해외 이적을 강력하게 요청했다. 이에 국방부는 정 감독의 해외 이적을 승인했고, 그는 1979년 군인 신분에서 곧바로 중동 클럽으로 이적해 3년간 뛰었다. 이 때 그는 중동에서 활약하는 잘 나가는 유럽 지도자들의 훈련방법과 세계 흐름은 물론 나중에 스스로 말하는 '몽당연필 같은 영어'를 배웠다. 이 모든 것이 스스로 일궈낸 자산이었다. 핸드볼인 정형균은 열정과 믿음으로 스스로의 인생과 한국 핸드볼의 기적을 일군 열정적인 행동가였다.

공정한 마음, 통했느냐?

한국체대 소속팀을 시작으로 1992년 바르셀로나올림픽, 1995년 세계선수권대회, 1996년 애틀랜타올림픽까지. 정형균 감독님과 나의 동료들이 그 때 어떻게 그런 어마어마한 일을 해냈을까 생각하면 지금도 믿기 힘들다.

최근 대학원 박사논문을 핸드볼 지도법과 리더십에 관련해 준비하게 됐다. '감독 정형균'에 대해선 누구보다도 많은 것을 안다고 자부하는 나였지만, 논문이다 보니 내 생각을 그냥 쓸 수는 없었다. 그래서 감독님의 옛날 제자들을 일일이 찾아가 인터뷰를 했다. 그런데 놀라웠다. 어쩌면 하는 말들이 다 똑같았다. "힘은 들었어도 따라가면 목표를 이룬다는 생각에 무조건 하라는 대로 따라했다"는 대답의 반복이었다.

사실 우리들이 감독님에게 그렇게 복종할 수 있었던 것은 그에게서 진한 사람냄새가 났기 때문이다. 감독님은 핸드볼에 관해서라면 자다가도 벌떡 일어날 만큼 애정이 넘쳤고, 훈련 중에는 작은 실수 하나까지도 놓치지 않고 지적했다. 하지만 그 외엔 정말 필요한 말만 하셨다. 그렇게 말수가 적었는데도 이상하게 감독님에게서는 항상 따뜻한 정이 느껴졌다. 아마 그것은 '공정한 마음'일 것이다. 누구도 편애하지 않고 선수들을 있는 그대로 봐주는 감독님의 공정한 마음이 어린 우리들에게도 통했던 것이다. 한국체대 창단 멤버들 중에는 지금도 감독님을 '신'처럼 생각하는 이들이 있다. 오죽하면 감독님과 만나자마자 너무 좋아 눈물부터 흘리는 언니도 있을까.

감독님은 어느덧 10년 넘게 지도자의 길을 걷고 있는 나에게 더욱 특별한 롤모델이다. 나는 대학 졸업과 함께 일본에 진출해 이즈미(현 히로시마 메이플레즈)팀에서 플레잉 코치를 거쳐 감독까지 맡았다. 그 때 감독님의 가르침을 받으며 터득했던 리더십을 선수들에게 적용했다.

물론 감독님은 지독한 완벽주의자였기에 그처럼 한다는 것은 불가능에 가깝다는 것을 나는 잘 알고 있었다. 그 대신 나는 여성적인 부드러움과 약간의 융통성을 가미해 부족한 부분을 커버하려 했다.

요즘에는 감독님께 '부회장님', '교수님'이란 호칭을 더 많이 쓰게된다. 지휘봉을 놓으신 뒤에는 한국 핸드볼을 위해 국내행정, 국제행정 분야에서 많은 일을 하고 계시다. 감독님은 주변을 감복시키는 승부욕과 열정. 그리고 두루 폭넓게 헤아리는 인간관계의 기술까지 겸비했다. 한국 핸드볼에서 다시 나오기 힘든 지도자다.

– **임오경**(전 핸드볼 국가대표 · 서울시청 감독)